VIVE SIN MIEDO

ROMPE LAS CADENAS DE LA ANSIEDAD

CÓMO RECUPERAR EL CONTROL DE TU VIDA CON TÉCNICAS DE RESPIRACIÓN, HÁBITOS SALUDABLES Y UN ENFOQUE HOLÍSTICO PARA LA PAZ INTERIOR

ISABEL MERCER

Vive Sin Miedo

Prima Edizione

Derechos de Autor

Nota Legal

La información proporcionada en este libro y su contenido no pretenden en ningún caso sustituir consultas médicas o profesionales. No tienen la intención de reemplazar la necesidad de asesoramiento o servicios médicos, financieros, legales o de otro tipo que puedan ser requeridos. El contenido de este libro se proporciona exclusivamente con fines educativos y de entretenimiento.

Descargo de Responsabilidad sobre Ejemplos e Historias

Este libro contiene historias, relatos, ejemplos y citas que han sido creados por la autora con fines puramente ilustrativos y ejemplificativos. Estos elementos narrativos, incluyendo nombres, personajes, lugares y eventos, son producto de la imaginación de la autora o se utilizan de manera ficticia. Cualquier similitud con personas reales, vivas o fallecidas, empresas, eventos o lugares es puramente casual. Estas historias y ejemplos están destinados a ilustrar conceptos e ideas y no deben interpretarse como hechos reales o testimonios auténticos.

Precisión de la Información

ÍNDICE

INTRODUCCIÓN

La ansiedad y la depresión pueden convertirse en una prisión invisible. Desde fuera, todo parece normal, pero por dentro, la mente no se detiene. **Pensamientos repetitivos, miedo al futuro, agotamiento sin razón aparente, la sensación de estar atrapado en una vida que se escapa de las manos.** Si alguna vez te has sentido así, no estás solo. Y lo más importante: no tiene por qué ser así para siempre.

A lo largo de la vida, nos enseñan muchas cosas, pero rara vez nos enseñan **cómo manejar nuestras emociones, cómo calmar nuestra mente o cómo recuperar el control cuando sentimos que lo hemos perdido.** Nos dicen que debemos ser fuertes, que todo está en nuestra cabeza, que hay que seguir adelante sin mirar atrás. Pero, ¿qué pasa cuando simplemente no podemos? ¿Cuando el miedo, la ansiedad o la tristeza nos bloquean y no sabemos cómo salir de ahí?

Este libro no es una recopilación de teorías abstractas ni un conjunto de frases motivacionales vacías. **Es una guía práctica, real y directa para entender qué te está pasando y, lo más importante, para descubrir cómo salir de ese estado de angustia.** Aquí encontrarás herramientas efectivas, basadas en ciencia y en experiencias reales, que te ayudarán a recuperar la calma y a construir una vida más equilibrada.

No importa cuánto tiempo lleves luchando con la ansiedad o la depresión. **Tampoco importa cuántas veces hayas intentado cambiar sin éxito.** Lo que importa es que estás aquí, que has tomado la decisión de buscar respuestas y que dentro de ti existe la posibilidad de sentirte mejor. Porque sí, aunque ahora parezca imposible, hay una forma de vivir sin que el miedo te domine.

Lo que hace diferente este libro es su enfoque integral. **No se trata solo de entender la ansiedad o la depresión desde un punto de vista psicológico, sino de abordar todos los factores que influyen en tu bienestar.** Desde la alimentación hasta la respiración, desde el ejercicio hasta la calidad de tus pensamientos, aquí descubrirás cómo tu cuerpo y tu mente están conectados y cómo pequeñas acciones pueden marcar una gran diferencia.

Además, no necesitas conocimientos previos ni dedicar horas al día a técnicas complicadas. **Cada estrategia está diseñada para integrarse en tu vida de manera sencilla y efectiva.** No hay fórmulas mágicas ni soluciones instantáneas, pero sí herramientas que, aplicadas con constancia, pueden transformar tu realidad.

A lo largo de estas páginas, te harás preguntas que quizás nunca te habías planteado. **Descubrirás por qué tu mente funciona como lo hace, cómo tus hábitos diarios influyen en tu estado emocional y qué puedes hacer, paso a paso, para recuperar la paz interior.**

Este libro no promete eliminar por completo la ansiedad o la tristeza, porque esas emociones forman parte de la vida. **Pero sí promete algo aún más valioso: enseñarte a manejarlas, a convivir con ellas sin que te controlen, a encontrar un equilibrio en el que el miedo ya no dicte tus decisiones.**

Si estás listo para dar el primer paso, sigamos adelante. **No tienes nada que perder y mucho por ganar.**

1

COMPRENDER LA ANSIEDAD Y LA DEPRESIÓN

QUÉ SON LA ANSIEDAD Y LA DEPRESIÓN

La **ansiedad** y la **depresión** son dos de los trastornos emocionales más comunes en el mundo, afectando a millones de personas de todas las edades. Aunque pueden compartir algunos síntomas y, en ocasiones, manifestarse simultáneamente, son condiciones distintas con características propias.

La **ansiedad** es un estado de alerta constante, una respuesta natural del organismo ante situaciones percibidas como amenazantes. En pequeñas dosis, puede ser beneficiosa, ya que nos ayuda a mantenernos enfocados y reaccionar ante peligros. Sin embargo, cuando se vuelve crónica o desproporcionada frente a la realidad, puede interferir con la vida cotidiana y convertirse en un trastorno. Se manifiesta a través de pensamientos recurrentes de preocupación, tensión muscular, palpitaciones, insomnio y una sensación persistente de inquietud. La mente se llena de escenarios negativos, como si estuviera atrapada en un bucle de anticipación catastrófica.

Por otro lado, la **depresión** es una profunda sensación de tristeza, vacío o desesperanza que se mantiene en el tiempo y afecta la capacidad de disfrutar la vida. No es simplemente estar triste por un mal día o atravesar un momento difícil; es una condición que altera la forma en que una persona piensa, siente y actúa. Puede provocar fatiga extrema, falta de motivación, pérdida de interés en actividades que antes se disfrutaban, alteraciones en el sueño y la alimentación, e incluso pensamientos autodestructivos. A diferencia de la ansiedad, donde la mente está atrapada en el miedo al futuro, en la depresión parece que todo carece de sentido, como si la persona estuviera atrapada en una niebla de desesperanza.

Una de las razones por las que estos trastornos suelen confundirse es que pueden coexistir. Muchas personas con ansiedad severa terminan desarrollando síntomas depresivos debido al agotamiento mental que implica estar en un estado de hiperalerta constante. A su vez, quienes sufren depresión pueden experimentar ansiedad debido a la incertidumbre sobre su futuro o la sensación de pérdida de control sobre su vida.

Es crucial entender que la ansiedad y la depresión no son signos de debilidad ni simplemente "malos momentos" que se pueden superar con fuerza de voluntad. Son condiciones reales, con bases biológicas, psicológicas y sociales. Diversos factores pueden contribuir a su desarrollo, como la predisposición genética, experiencias traumáticas, niveles elevados de estrés, desequilibrios químicos en el cerebro o un entorno poco saludable.

Uno de los mitos más dañinos sobre la ansiedad y la depresión es la creencia de que "todo está en la cabeza". Aunque tienen un fuerte componente psicológico, sus efectos van más allá de la mente. La ansiedad activa el sistema nervioso, desencadenando respuestas fisiológicas como la aceleración del ritmo cardíaco y la tensión muscular. La depresión, por su parte, puede provocar un descenso en la actividad de neurotransmisores clave, lo que genera fatiga y falta de energía. Ignorar estos aspectos y reducir estos trastornos a simples estados de ánimo es una de las razones por las que muchas personas no buscan ayuda a tiempo.

Otro error común es pensar que la ansiedad y la depresión solo afectan a personas con "vidas difíciles". En realidad, pueden presentarse en cualquier persona, sin importar su entorno, éxito profesional o situación familiar. Incluso aquellos que parecen tenerlo "todo" pueden estar lidiando con una batalla interna invisible.

Es importante recalcar que estos trastornos no definen a una persona. Son experiencias que, con el enfoque adecuado, pueden superarse. La clave está en comprenderlos, identificarlos y aplicar herramientas eficaces para recuperar el equilibrio. La ansiedad y la depresión no tienen por qué ser una cadena que limite la vida. Con el conocimiento adecuado y un enfoque holístico, es posible liberarse y reencontrar la paz interior.

POR QUÉ ES IMPORTANTE HABLAR DE ESTO

El silencio ha sido, durante siglos, uno de los peores enemigos de quienes sufren ansiedad y depresión. Muchas personas atraviesan estos estados en soledad, sin atreverse a compartir lo que sienten por miedo a ser juzgadas, incomprendidas o vistas como débiles. Sin embargo, el aislamiento emocional solo agrava la situación. Hablar de ansiedad y depresión es un acto de valentía, pero también una necesidad urgente en una sociedad donde el ritmo de vida acelerado y la presión constante han convertido estos trastornos en una epidemia silenciosa.

Uno de los principales obstáculos para abordar este tema es el **estigma.** A diferencia de otros problemas de salud, la ansiedad y la depresión suelen ser minimizadas o malinterpretadas. Todavía persiste la idea errónea de que quien sufre estos trastornos simplemente no está esforzándose lo suficiente o que con una actitud más positiva todo se solucionaría. Esta mentalidad no solo es injusta, sino peligrosa, porque genera culpa en quienes padecen ansiedad o depresión y les impide buscar ayuda. La salud mental no es cuestión de fuerza de voluntad. Nadie le diría a una persona con una pierna rota que "simplemente camine", pero muchas veces se espera que alguien con ansiedad o depresión "simplemente sea más fuerte".

Además del estigma social, existe una gran falta de información. Muchas personas no saben identificar los síntomas de estos trastornos o no comprenden su impacto real. La ansiedad no es solo "preocuparse demasiado", así como la depresión no es solo "estar triste". Son condiciones complejas que afectan el cuerpo, la mente y la calidad de vida de una persona. Cuanto más se hable de ello, más fácil será reconocer los signos tempranos y tomar medidas antes de que el problema se agrave. La educación es clave: entender cómo funcionan la ansiedad y la depresión ayuda no solo a quienes las padecen, sino también a su entorno, promoviendo una cultura de empatía y apoyo.

Otro motivo fundamental para hablar de esto es la importancia de **normalizar la búsqueda de ayuda profesional**. Muchas personas evitan acudir a un terapeuta o psiquiatra por miedo a ser vistas como "locas" o "débiles". Pero cuidar la salud mental no es diferente de cuidar la salud física. Si alguien tiene fiebre alta durante varios días, lo lógico es ir al médico. ¿Por qué debería ser diferente cuando se trata de la mente? La terapia, la medicación en casos necesarios y los cambios en el estilo de vida pueden marcar una diferencia enorme en la vida de quienes sufren estos trastornos.

El miedo a ser juzgado también puede llevar a las personas a **ocultar su sufrimiento detrás de una máscara**. Muchos continúan con su vida diaria aparentando que todo está bien, mientras por dentro luchan con pensamientos intrusivos, insomnio, ataques de pánico o una sensación constante de vacío. Este esfuerzo por "parecer normal" es agotador y refuerza la idea errónea de que la ansiedad y la depresión son debilidades que deben ocultarse. En realidad, enfrentarlas requiere una fortaleza inmensa.

Otro aspecto crucial es el impacto que estos trastornos tienen en las relaciones. Cuando alguien no comprende lo que le está ocurriendo, puede tener dificultades para expresarlo a sus seres queridos, lo que genera conflictos, distanciamiento o malentendidos. Hablar de ansiedad y depresión de manera abierta no solo ayuda a quien los sufre, sino que también permite a familiares y amigos ofrecer un apoyo genuino. No se trata de dar consejos vacíos como "anímate" o "deja de pensar tanto", sino de estar presentes, escuchar sin juzgar y acompañar el proceso de sanación con comprensión.

Las cifras hablan por sí solas: la ansiedad y la depresión son dos de los problemas de salud mental más prevalentes en el mundo. Millones de personas los padecen, pero muchas no buscan ayuda por vergüenza o desconocimiento. Este silencio colectivo debe romperse. Cuanto más se hable de ello, más personas entenderán que no están solas y que hay soluciones reales. La conversación sobre salud mental debe ser tan común y natural como hablar de alimentación saludable o ejercicio físico.

Romper el estigma, educar sobre estos trastornos y fomentar una actitud abierta hacia la terapia y el apoyo emocional puede cambiar vidas. No es un tema que deba tratarse en susurros ni con miedo. La ansiedad y la depresión no definen a una persona, ni son una sentencia de por vida. Son desafíos que pueden superarse cuando se enfrentan con información, apoyo y las herramientas adecuadas. Hablar de ello es el primer paso para dejar de vivir en las sombras y empezar el camino hacia la recuperación.

2

LA CIENCIA DETRÁS DE LA ANSIEDAD

EL CEREBRO ANSIOSO

El cerebro humano es una máquina diseñada para la supervivencia. Su capacidad de detectar amenazas ha permitido que la humanidad evolucione y se adapte a entornos hostiles. Sin embargo, en un mundo moderno donde los peligros físicos han disminuido, este sistema sigue activo, reaccionando a preocupaciones diarias como si fueran amenazas reales. La ansiedad no es más que una respuesta exagerada de este mecanismo, un sistema de alarma que se activa incluso cuando no hay un peligro inmediato.

El **centro del miedo y la ansiedad en el cerebro** es la **amígdala**, una estructura pequeña pero poderosa ubicada en el sistema límbico. Su función principal es detectar peligros y activar respuestas de lucha, huida o parálisis. En una situación normal, este sistema es útil: si un coche se acerca rápidamente mientras cruzas la calle, la amígdala reacciona en milisegundos, enviando señales al cuerpo para que actúe de inmediato. Sin embargo, en un cerebro ansioso, la amígdala es hiperactiva y detecta amenazas incluso en situaciones inofensivas, generando una sensación de alerta constante.

Pero la amígdala no trabaja sola. La **corteza prefrontal**, situada en la parte frontal del cerebro, es la encargada del pensamiento racional y la toma de decisiones. Su función es evaluar si un peligro es real o imaginario. En un cerebro sano, la corteza prefrontal regula la amígdala y evita reacciones excesivas. Sin embargo, en personas con ansiedad, este equilibrio se altera. La amígdala reacciona con demasiada intensidad y la corteza prefrontal no logra calmarla lo suficiente. Esto explica por qué la ansiedad muchas veces se siente incontrolable: el cerebro actúa como si estuviera en peligro constante, sin la capacidad de analizar objetivamente la situación.

Otro actor clave en la respuesta ansiosa es el **sistema nervioso autónomo**, que regula funciones involuntarias como la respiración, el ritmo cardíaco y la digestión. Se divide en dos partes: el **sistema nervioso simpático**, que activa la respuesta de lucha o huida, y el

sistema nervioso parasimpático, encargado de la relajación. En un cerebro ansioso, el sistema simpático está en constante activación, provocando síntomas físicos como taquicardia, tensión muscular y dificultad para respirar. Al mismo tiempo, el sistema parasimpático tiene dificultades para restablecer la calma, lo que impide que la persona se relaje por completo.

Este desbalance en el cerebro ansioso no solo genera síntomas inmediatos, sino que también refuerza un ciclo negativo. Cada vez que la amígdala detecta una amenaza y el cuerpo reacciona, el cerebro aprende que esa situación es peligrosa. Con el tiempo, este mecanismo crea patrones de pensamiento que amplifican la ansiedad. Por ejemplo, si alguien experimenta un ataque de pánico en un supermercado, su cerebro puede asociar ese lugar con el peligro, generando miedo cada vez que se acerca a un establecimiento similar. Así se crean las evitaciones y los miedos irracionales, que limitan la vida diaria.

Sin embargo, la ciencia ha demostrado que el cerebro tiene la capacidad de cambiar. Gracias a la **neuroplasticidad**, es posible modificar los circuitos cerebrales y enseñar a la amígdala a reaccionar de manera más equilibrada. Estrategias como la respiración consciente, la meditación y la terapia cognitivo-conductual pueden fortalecer la corteza prefrontal y reducir la reactividad de la amígdala. Este proceso requiere práctica y paciencia, pero demuestra que la ansiedad no es una condena permanente, sino un estado que puede ser regulado con las herramientas adecuadas.

Entender cómo funciona el cerebro ansioso es el primer paso para desactivar su impacto. No se trata de eliminar la ansiedad por completo, sino de aprender a gestionarla, restaurando el equilibrio entre la mente racional y la emocional. Con la información correcta y un enfoque adecuado, es posible calmar el sistema de alarma interno y recuperar el control sobre los propios pensamientos y emociones.

CÓMO AFECTAN AL CEREBRO Y AL CUERPO

La ansiedad no se limita a un estado mental de preocupación o miedo. Su impacto va mucho más allá, afectando el cerebro, el sistema nervioso y prácticamente cada parte del cuerpo. Se siente en la piel, en el corazón, en la respiración y en los músculos. Es un estado de hipervigilancia que consume energía, desgasta el organismo y, con el tiempo, puede generar consecuencias físicas y emocionales profundas.

Uno de los efectos más notables de la ansiedad en el cerebro es el **desequilibrio en la actividad neuronal**. La amígdala, la estructura encargada de procesar el miedo, se vuelve hiperactiva y detecta amenazas en situaciones donde no existen. A su vez, la corteza prefrontal, responsable del pensamiento racional y la toma de decisiones, pierde parte de su capacidad para controlar estas respuestas automáticas. Esto provoca un círculo vicioso: cuanto más activa está la amígdala, más difícil es pensar con claridad y más fuerte se vuelve la sensación de peligro.

Este desajuste tiene una consecuencia directa en la **química cerebral**. En un cerebro ansioso, hay un aumento en la producción de cortisol y adrenalina, las hormonas del estrés. Estas sustancias preparan al cuerpo para reaccionar ante un peligro, elevando la frecuencia cardíaca, aumentando la tensión muscular y agudizando los sentidos. En una situación de emergencia real, este mecanismo es útil, pero cuando la ansiedad se mantiene de manera crónica, el exceso de estas hormonas desgasta el organismo. El sistema inmunológico se debilita, el sueño se altera y el cuerpo entra en un estado de agotamiento permanente.

Otro cambio importante ocurre en los **neurotransmisores**, los mensajeros químicos del cerebro. La ansiedad suele estar relacionada con niveles reducidos de **GABA (ácido gamma-aminobutírico)**, el neurotransmisor encargado de calmar la actividad neuronal. Cuando hay deficiencia de GABA, la mente se mantiene en un estado de excitación constante, lo que hace que los pensamientos intrusivos y la sensación de peligro sean más difíciles de controlar. Además, hay alteraciones en la

serotonina y la dopamina, sustancias clave para la regulación del estado de ánimo. Cuando estos neurotransmisores están en niveles bajos, no solo aumenta la ansiedad, sino que también puede aparecer la depresión, creando un ciclo de angustia y desesperanza difícil de romper.

El impacto de la ansiedad no se detiene en el cerebro. Se extiende a todo el cuerpo a través del **sistema nervioso autónomo**, que regula funciones vitales como la respiración, la digestión y la frecuencia cardíaca. Cuando el sistema nervioso simpático se activa en exceso, el ritmo cardíaco se acelera, la presión arterial aumenta y los músculos se tensan. Esta activación prolongada puede llevar a problemas físicos como dolores de cabeza, migrañas, tensión en el cuello y en la espalda, fatiga crónica y trastornos digestivos. Muchas personas con ansiedad experimentan molestias estomacales constantes, acidez, colon irritable o pérdida del apetito, debido a la conexión directa entre el sistema nervioso y el aparato digestivo.

El sistema respiratorio también se ve afectado. La respiración se vuelve superficial y rápida, lo que puede provocar sensación de ahogo, mareos o incluso ataques de pánico. Este patrón de respiración altera el equilibrio de oxígeno y dióxido de carbono en la sangre, generando síntomas físicos como hormigueo en las extremidades, visión borrosa y sensación de inestabilidad.

Con el tiempo, el cuerpo paga el precio de estar en un estado constante de alerta. La ansiedad crónica puede derivar en **insomnio**, ya que el cerebro no logra desconectarse y entrar en un estado de relajación. La falta de sueño, a su vez, empeora la ansiedad, ya que el organismo necesita descansar para regular el estrés y restaurar los niveles de neurotransmisores. Sin un sueño adecuado, la memoria, la concentración y la toma de decisiones se ven afectadas, aumentando la sensación de agotamiento y desesperanza.

La buena noticia es que este ciclo no es irreversible. El cerebro tiene una capacidad extraordinaria de adaptación llamada **neuroplasticidad**, que le permite reorganizarse y generar nuevos patrones de pensamiento y respuesta. Técnicas como la respiración consciente, el mindfulness y el ejercicio físico pueden ayudar a regular el sistema nervioso y restaurar el equilibrio químico en el cerebro. Comprender cómo la ansiedad afecta el cuerpo y la mente es el primer paso para recuperar el control y romper con el círculo de miedo y tensión.

EL PAPEL DE LOS NEUROTRANSMISORES

El cerebro funciona gracias a un complejo sistema de comunicación en el que miles de millones de neuronas transmiten información mediante sustancias químicas llamadas **neurotransmisores**. Estas moléculas actúan como mensajeros entre las células nerviosas, regulando el estado de ánimo, la respuesta al estrés, la energía y muchas otras funciones vitales. En un cerebro sano, existe un equilibrio preciso entre estos compuestos. Sin embargo, en un cerebro ansioso, este equilibrio se altera, intensificando los pensamientos de preocupación y las respuestas de miedo.

Uno de los neurotransmisores más importantes en la regulación de la ansiedad es el **ácido gamma-aminobutírico (GABA)**. Su función principal es **calmar la actividad neuronal**, reduciendo la excitabilidad del sistema nervioso. Se podría comparar con el freno de un automóvil: cuando hay suficiente GABA, la mente puede desacelerar y relajarse después de un estímulo estresante. Sin embargo, en personas con ansiedad, los niveles de GABA suelen ser bajos, lo que provoca que el cerebro permanezca en un estado de hiperactividad constante. Como resultado, los pensamientos se vuelven acelerados e incontrolables, el cuerpo se mantiene en tensión y la sensación de inquietud nunca desaparece del todo.

Otro neurotransmisor clave es la **serotonina**, a menudo llamada la "hormona de la felicidad". Este compuesto regula el estado de ánimo, la sensación de bienestar y la estabilidad emocional. Un déficit de serotonina está estrechamente relacionado con la ansiedad y la depresión, ya que su ausencia dificulta la capacidad del cerebro para mantener la calma y procesar el estrés de manera saludable. Cuando los niveles de serotonina son bajos, las preocupaciones se intensifican, los pensamientos negativos se repiten en bucle y la sensación de inseguridad se vuelve más pronunciada.

La **dopamina**, otro neurotransmisor esencial, también juega un papel importante en la ansiedad. Esta sustancia está asociada al placer, la motivación y la recompensa. Cuando funciona correctamente, ayuda a generar sensación de satisfacción y confianza. Sin embargo, en personas ansiosas, los niveles de dopamina pueden estar alterados, lo que genera una menor capacidad para experimentar placer en el presente y una tendencia a anticipar el futuro con miedo. Esto explica por qué muchas personas con ansiedad sienten una constante sensación de insatisfacción, como si nada fuera suficiente para tranquilizarlas.

Otro neurotransmisor involucrado en la respuesta ansiosa es la **noradrenalina**, que actúa como un amplificador del sistema de alerta. En situaciones normales, la noradrenalina prepara al cuerpo para reaccionar ante una amenaza real, aumentando la frecuencia cardíaca y mejorando la concentración. Pero en un cerebro ansioso, esta sustancia se libera en exceso, manteniendo el organismo en un estado de tensión innecesaria. Como resultado, el corazón late más rápido, la respiración se vuelve superficial y la persona siente que está en peligro incluso cuando no hay una amenaza real.

El **equilibrio entre estos neurotransmisores es esencial para el bienestar emocional**. Cuando el sistema se desajusta, la ansiedad se vuelve más intensa y difícil de controlar. La buena noticia es que este equilibrio no es fijo: el cerebro tiene la capacidad de regular la producción de neurotransmisores mediante el estilo de vida, la alimentación, la respiración y el ejercicio. Técnicas como la meditación y la terapia cognitivo-conductual han demostrado ser eficaces para aumentar los niveles de GABA y serotonina, ayudando a calmar la mente y reducir la ansiedad de forma natural.

Comprender el papel de los neurotransmisores en la ansiedad permite ver este trastorno desde una perspectiva más objetiva. No se trata de una cuestión de carácter o fuerza de voluntad, sino de procesos bioquímicos que pueden ser modulados con las herramientas adecuadas. Regular el sistema de neurotransmisores es posible y es una de las claves para recuperar el equilibrio emocional.

3

MINDFULNESS Y MEDITACIÓN

QUÉ ES EL MINDFULNESS Y CÓMO FUNCIONA

La mente humana es un torbellino de pensamientos. A lo largo del día, saltamos de una preocupación a otra, reviviendo errores del pasado o anticipando problemas futuros. En este estado de agitación mental, es fácil sentirse atrapado en la ansiedad, sin poder disfrutar del presente. Aquí es donde entra en juego el **mindfulness**, una práctica que entrena la mente para enfocarse en el momento presente con plena conciencia y sin juicio.

El **mindfulness**, o atención plena, es una técnica basada en la observación consciente de la realidad, sin reaccionar de manera automática ni dejarse arrastrar por los pensamientos. No se trata de "vaciar la mente", sino de aprender a observar lo que ocurre en el interior y en el entorno sin aferrarse a ello. La ansiedad suele surgir cuando la mente se desconecta del ahora y se pierde en preocupaciones sobre el futuro. Practicar mindfulness ayuda a romper este patrón, trayendo la atención de vuelta al momento presente.

Numerosos estudios científicos han demostrado que el mindfulness tiene efectos profundos en el cerebro y el sistema nervioso. Se ha observado que **reduce la actividad de la amígdala**, el centro del miedo en el cerebro, disminuyendo la respuesta exagerada al estrés. Al mismo tiempo, fortalece la **corteza prefrontal**, la región responsable del pensamiento racional y la toma de decisiones, lo que permite gestionar mejor las emociones. También favorece la **neuroplasticidad**, la capacidad del cerebro para crear nuevas conexiones neuronales, facilitando la adopción de hábitos mentales más saludables.

Uno de los principios fundamentales del mindfulness es la **aceptación sin juicio**. En lugar de luchar contra los pensamientos ansiosos o tratar de eliminarlos, esta práctica enseña a observarlos con curiosidad y sin reaccionar impulsivamente. Imagina que tu mente es un cielo azul y tus pensamientos son nubes: en lugar de aferrarte a cada nube o tratar de dispersarla, simplemente la observas pasar. Este cambio de perspectiva reduce la carga emocional de las preocupaciones y permite responder a los desafíos con mayor claridad.

Además de sus beneficios psicológicos, el mindfulness tiene un impacto directo en el cuerpo. Al inducir un estado de calma, activa el **sistema nervioso parasimpático**, que contrarresta la respuesta de lucha o huida provocada por la ansiedad. Como resultado, la frecuencia cardíaca disminuye, los músculos se relajan y la respiración se vuelve más profunda y estable. Incluso el sistema inmunológico se fortalece, ya que el estrés crónico es una de las principales causas de inflamación y debilitamiento de las defensas naturales del organismo.

El mindfulness no requiere largas sesiones de meditación ni condiciones especiales para practicarlo. Se puede integrar en la vida cotidiana a través de pequeñas acciones, como prestar atención a la respiración, observar los sonidos del entorno o saborear cada bocado de una comida sin distracciones. Cuanto más se entrena la mente para enfocarse en el presente, más fácil se vuelve salir del ciclo de la ansiedad y recuperar una sensación de control y equilibrio.

TÉCNICAS BÁSICAS DE MEDITACIÓN

La meditación es una de las herramientas más poderosas para calmar la mente y reducir la ansiedad. A diferencia de lo que muchas personas piensan, no se trata de dejar la mente en blanco o alcanzar un estado de iluminación inalcanzable. La meditación es, en esencia, un entrenamiento mental que permite desarrollar mayor control sobre los pensamientos y emociones, rompiendo el ciclo de preocupación constante. Practicarla con regularidad ayuda a reducir la actividad de la amígdala, mejorar la regulación emocional y fortalecer la concentración.

Uno de los métodos más accesibles y efectivos para empezar es la **respiración consciente**. La respiración es el puente entre el cuerpo y la mente, y su ritmo influye directamente en el estado emocional. Cuando una persona está ansiosa, su respiración tiende a volverse superficial y rápida, lo que a su vez intensifica la sensación de inquietud. Practicar la respiración consciente implica llevar toda la atención al aire que entra y sale del cuerpo, sin intentar modificarlo de inmediato. Simplemente observar el flujo natural de la respiración ya tiene un efecto calmante. Con el tiempo, esta práctica permite regular el sistema nervioso, activando la respuesta de relajación y reduciendo el estrés.

Otra técnica efectiva es el **body scan** o escaneo corporal. En esta práctica, se dirige la atención a diferentes partes del cuerpo, notando cualquier sensación presente sin juzgarla. Se puede comenzar por los pies y avanzar lentamente hasta la cabeza, observando tensiones, hormigueos o cualquier otra sensación física. Este ejercicio ayuda a salir de la mente y conectar con el presente a través del cuerpo, reduciendo la sobrecarga mental. Muchas personas descubren que gran parte de su ansiedad se manifiesta físicamente en forma de tensión en los hombros, mandíbula o estómago, y el body scan permite tomar conciencia de estas sensaciones y liberar la tensión acumulada.

La **atención plena en los sonidos** es otra forma sencilla pero poderosa de meditación. Consiste en cerrar los ojos y enfocarse en los sonidos del entorno sin etiquetarlos ni juzgarlos. Puede ser el ruido de los autos en la calle, el canto de los pájaros o incluso el sonido del viento. Este ejercicio ayuda a entrenar la mente para aceptar la realidad sin reaccionar automáticamente, fortaleciendo la capacidad de permanecer en el presente sin distraerse con pensamientos ansiosos.

Una variante especialmente útil para quienes tienen dificultades para concentrarse es la **meditación guiada**. En este caso, una voz en una grabación o en una aplicación dirige la práctica, proporcionando instrucciones para relajar el cuerpo, observar la respiración o cultivar emociones positivas como la gratitud y la compasión. Este enfoque es ideal para principiantes, ya que reduce la sensación de incertidumbre y facilita la creación de una rutina.

Todas estas técnicas tienen un objetivo en común: entrenar la mente para desarrollar una mayor estabilidad emocional. La ansiedad se alimenta de pensamientos repetitivos y catastróficos, y la meditación actúa como un antídoto, enseñando a observar esos pensamientos sin identificarse con ellos. Con la práctica constante, la mente aprende a responder con mayor calma a los desafíos, en lugar de reaccionar impulsivamente con miedo o preocupación. No es necesario dedicar horas al día para notar los beneficios: incluso unos pocos minutos diarios pueden marcar una gran diferencia en la manera en que se experimenta el mundo.

CÓMO INTEGRAR EL MINDFULNESS EN LA VIDA DIARIA

La ansiedad se alimenta de la desconexión con el presente. Cuando la mente se pierde en pensamientos sobre lo que podría pasar o revive situaciones del pasado, el cuerpo reacciona como si estuviera en peligro real. El **mindfulness** permite cortar este ciclo, trayendo la atención de vuelta al momento presente y reduciendo el impacto de los pensamientos automáticos. Pero su verdadero poder no está solo en la práctica formal de la meditación, sino en su integración en la vida diaria. No se trata de añadir más tareas a la rutina, sino de convertir actividades cotidianas en oportunidades para entrenar la atención plena.

Una de las formas más sencillas de empezar es a través de la **respiración consciente**. La respiración está siempre presente, pero pocas veces le prestamos atención. En cualquier momento del día, detenerse por unos segundos y notar cómo entra y sale el aire del cuerpo es suficiente para anclar la mente al presente. En momentos de estrés, este simple ejercicio actúa como un botón de reinicio, reduciendo la activación del sistema nervioso y proporcionando una sensación inmediata de calma.

Otro espacio ideal para practicar el mindfulness es durante las **comidas**. La ansiedad suele generar hábitos alimenticios automáticos, donde se come rápido y sin consciencia, muchas veces como respuesta emocional. Aplicar la atención plena en la alimentación implica saborear cada bocado, notar la textura y los aromas de los alimentos, y comer sin distracciones. Este pequeño cambio no solo mejora la digestión y la relación con la comida, sino que también ayuda a entrenar la mente para enfocarse en una sola cosa a la vez.

El mindfulness también se puede practicar al caminar. Muchas veces, la mente está tan ocupada en preocupaciones que el acto de desplazarse se vuelve completamente automático. Caminar con atención plena significa sentir el contacto de los pies con el suelo, notar la temperatura del aire, escuchar los sonidos del entorno. Esta simple práctica transforma un hábito cotidiano en un ejercicio de conexión con el presente, ayudando a reducir la ansiedad sin necesidad de interrumpir la rutina.

Las tareas domésticas, que normalmente se consideran monótonas, también pueden convertirse en oportunidades para practicar mindfulness. Lavar los platos, doblar la ropa o limpiar pueden ser ejercicios de atención plena si se realizan con total presencia, enfocándose en las sensaciones, los movimientos y la respiración. En lugar de ver estas actividades como una molestia, pueden convertirse en momentos de calma y concentración.

Uno de los hábitos más poderosos para integrar el mindfulness en la vida diaria es la **escucha consciente**. En las conversaciones, muchas veces la mente está ocupada formulando respuestas en lugar de realmente escuchar al otro. Practicar la escucha plena implica prestar atención total a la otra persona, sin interrumpir, sin pensar en qué decir después, simplemente absorbiendo cada palabra y cada expresión. Esto no solo fortalece las relaciones, sino que también entrena la mente para estar completamente presente en cada interacción.

Otra forma práctica de aplicar el mindfulness es a través de **micro-momentos de pausa** durante el día. No es necesario esperar a estar en una situación de estrés para practicarlo. Se puede hacer una pausa de unos segundos antes de enviar un mensaje, antes de tomar un sorbo de café, antes de entrar a una reunión. Estos pequeños espacios de conciencia ayudan a interrumpir el piloto automático y a crear un estado mental más equilibrado.

El objetivo del mindfulness no es eliminar los pensamientos o emociones negativas, sino aprender a relacionarse con ellos de una manera diferente. Cuando se integra en la rutina, se convierte en una herramienta constante para reducir la ansiedad, mejorar la concentración y recuperar el control sobre la mente. No se trata de encontrar tiempo extra en el día, sino de transformar lo que ya hacemos en oportunidades para estar presentes. Con la práctica, la ansiedad pierde fuerza y la vida se vuelve más ligera y clara.

4

TÉCNICAS DE RESPIRACIÓN PARA LA CALMA

LA CONEXIÓN ENTRE RESPIRACIÓN Y ANSIEDAD

La respiración es uno de los procesos más automáticos del cuerpo, pero también uno de los más poderosos para influir en el estado emocional. Aunque pocas veces le prestamos atención, su ritmo y profundidad tienen un impacto directo en el sistema nervioso, la frecuencia cardíaca y la respuesta al estrés. La relación entre la respiración y la ansiedad es tan estrecha que un simple cambio en la forma de respirar puede marcar la diferencia entre una crisis de pánico y una sensación de calma.

Cuando una persona está ansiosa, su respiración se vuelve rápida y superficial, lo que provoca un desbalance en los niveles de oxígeno y dióxido de carbono en la sangre. Este desequilibrio envía señales de alarma al cerebro, intensificando los síntomas físicos como mareos, tensión en el pecho, hormigueo en las extremidades y sensación de ahogo. Es un círculo vicioso: la ansiedad altera la respiración, y la respiración acelerada amplifica la ansiedad. Sin embargo, lo contrario también es cierto: ralentizar y profundizar la respiración puede calmar el sistema nervioso y reducir la sensación de angustia.

Este efecto se debe a la conexión entre la respiración y el **sistema nervioso autónomo**, que regula funciones como la digestión, la presión arterial y la respuesta al estrés. Dentro de este sistema, hay dos ramas principales: el **sistema nervioso simpático**, responsable de activar la respuesta de lucha o huida, y el **sistema nervioso parasimpático**, que promueve la relajación y la recuperación. La respiración rápida y superficial activa el sistema simpático, manteniendo el cuerpo en estado de alerta. En cambio, una respiración profunda y controlada activa el sistema parasimpático, reduciendo la producción de cortisol y disminuyendo el ritmo cardíaco.

La respiración diafragmática es una de las herramientas más eficaces para combatir la ansiedad. A diferencia de la respiración torácica, que es superficial y se centra en la parte superior del pecho, la respiración diafragmática utiliza el abdomen y permite una mayor entrada de oxígeno en los pulmones. Esto no solo mejora la oxigenación del cuerpo, sino que también envía señales al cerebro de que no hay peligro, ayudando a desactivar la respuesta de estrés.

Otro aspecto fundamental es la relación entre la respiración y la mente. Cuando la ansiedad se apodera de los pensamientos, la atención se fragmenta y la mente se llena de escenarios negativos. Focalizarse en la respiración actúa como un ancla, trayendo la conciencia de vuelta al presente y alejándola del bucle de preocupación. Esta práctica, utilizada en la meditación y el mindfulness, ha demostrado ser altamente efectiva para reducir la hiperactividad mental y mejorar la capacidad de autorregulación emocional.

Aprender a respirar de manera consciente no solo ayuda en momentos de crisis, sino que también puede prevenir la acumulación de tensión a lo largo del día. Incluir ejercicios de respiración en la rutina diaria fortalece el sistema nervioso y enseña al cuerpo a responder al estrés de manera más equilibrada. Con el tiempo, la práctica de una respiración consciente se convierte en una herramienta natural para recuperar la calma y mantener el control emocional en cualquier situación.

EJERCICIOS DE RESPIRACIÓN PROFUNDA

La respiración es la herramienta más accesible y poderosa para regular el sistema nervioso y reducir la ansiedad. Cuando la mente se llena de pensamientos acelerados y el cuerpo se tensa en respuesta al estrés, modificar el ritmo respiratorio puede generar un cambio inmediato en el estado emocional. Existen diversas técnicas de respiración diseñadas para activar la respuesta de relajación y recuperar el control en momentos de tensión. Entre ellas, la **técnica 4-7-8** y la **respiración cuadrada** se destacan por su efectividad y simplicidad.

La **técnica 4-7-8** es un método que ralentiza la respiración y ayuda a calmar la mente. Se basa en un patrón específico: **inhalar durante 4 segundos, mantener el aire en los pulmones durante 7 segundos y exhalar lentamente durante 8 segundos**. Esta secuencia tiene un efecto inmediato sobre el sistema nervioso parasimpático, el encargado de reducir la activación del estrés. La clave está en la exhalación prolongada, ya que permite liberar el exceso de dióxido de carbono y generar una sensación de calma en el cuerpo. Esta técnica es especialmente útil antes de dormir, durante episodios de ansiedad intensa o en momentos de tensión emocional.

Otra técnica altamente efectiva es la **respiración cuadrada**, también conocida como "box breathing". Su nombre se debe a que sigue un patrón en cuatro tiempos iguales, como los lados de un cuadrado: **inhalar en 4 segundos, mantener la respiración 4 segundos, exhalar en 4 segundos y hacer una pausa de 4 segundos antes de repetir el ciclo.** Este ejercicio es utilizado por atletas, militares y profesionales de alto rendimiento para mejorar la concentración y controlar el estrés. Funciona porque estabiliza el ritmo cardíaco, reduce la producción de cortisol y ayuda a restaurar el equilibrio entre el cuerpo y la mente.

Ambas técnicas tienen un principio en común: obligan a la mente a enfocarse en la respiración, interrumpiendo el flujo de pensamientos negativos. La ansiedad se alimenta del miedo al futuro, pero respirar de manera consciente ancla la atención en el presente, debilitando el ciclo de preocupación constante. Además, estos ejercicios pueden practicarse en cualquier lugar y en cualquier momento, convirtiéndolos en herramientas versátiles y accesibles para manejar el estrés diario.

Con la práctica constante, la respiración profunda se convierte en un recurso automático para calmar el sistema nervioso y regular las emociones. No solo se trata de un método para enfrentar momentos de crisis, sino de una estrategia a largo plazo para entrenar al cuerpo y la mente a responder con mayor equilibrio ante el estrés. La clave está en la repetición: cuanto más se practican estas técnicas, más fácil es activar la respuesta de calma de manera natural, sin esfuerzo consciente.

CÓMO USAR LA RESPIRACIÓN EN MOMENTOS DE CRISIS

Cuando la ansiedad se intensifica hasta convertirse en una crisis, el cuerpo entra en un estado de alerta extrema. El corazón se acelera, la respiración se vuelve superficial y la mente se inunda de pensamientos catastróficos. En estos momentos, puede parecer imposible recuperar el control, pero la respiración consciente es una de las herramientas más efectivas para interrumpir este ciclo y devolver al sistema nervioso a un estado de equilibrio.

El primer paso es **reconocer los síntomas** sin entrar en pánico. Durante una crisis de ansiedad, es común sentir mareos, hormigueo en las extremidades, sensación de ahogo o una presión en el pecho. Estos síntomas son el resultado de una hiperventilación, es decir, una respiración demasiado rápida y superficial que altera el equilibrio de oxígeno y dióxido de carbono en el cuerpo. La clave para calmarse no está en forzarse a "pensar positivo" o luchar contra la ansiedad, sino en **regular la respiración de manera consciente**.

Una técnica efectiva en estos momentos es la **respiración diafragmática guiada**. En lugar de respirar desde el pecho, lo que agrava la sensación de ahogo, se debe dirigir el aire hacia el abdomen. Un método sencillo consiste en colocar una mano sobre el estómago y otra sobre el pecho, asegurándose de que solo la mano del abdomen se mueva al inhalar. Para estabilizar el ritmo, se puede usar la proporción **4-6**: inhalar lentamente por la nariz contando hasta cuatro y exhalar contando hasta seis. La exhalación más prolongada activa el sistema nervioso parasimpático, reduciendo la respuesta de lucha o huida.

Otra técnica útil es la **respiración con suspiro fisiológico**, un método natural que el cuerpo utiliza de forma espontánea para liberar tensión. Consiste en hacer una **doble inhalación corta por la nariz**, seguida de una **exhalación larga y profunda por la boca**. Este patrón ayuda a restaurar los niveles de oxígeno y dióxido de carbono en la sangre, aliviando de inmediato la sensación de opresión en el pecho. Es una herramienta especialmente eficaz cuando la crisis viene acompañada de hiperventilación severa.

Para aquellas situaciones en las que la ansiedad se combina con un estado de agitación mental extrema, la **técnica de respiración 5-5-5** puede ayudar a recuperar el control. Se trata de inhalar en cinco segundos, retener el aire cinco segundos y exhalar en otros cinco segundos. Este ritmo uniforme no solo regula la respiración, sino que también actúa como un ancla para la mente, desviando la atención de los pensamientos ansiosos y llevándola de vuelta al cuerpo.

Si la crisis ocurre en un entorno público o en un momento en el que no es posible detenerse por completo, la **respiración silenciosa y controlada** es una opción efectiva. En este caso, se trata de hacer inhalaciones suaves por la nariz y exhalaciones discretas por la boca, concentrándose en el ritmo sin llamar la atención. Esta técnica permite aplicar la regulación respiratoria en cualquier lugar, sin necesidad de cerrar los ojos o realizar movimientos visibles.

La respiración es una herramienta poderosa porque es el único proceso fisiológico que puede ser controlado de forma consciente para influir en el estado emocional. En momentos de crisis, aprender a regularla permite enviar señales de calma al cerebro, rompiendo el ciclo de miedo y restaurando el equilibrio interno. Con práctica y constancia, estas técnicas se convierten en recursos automáticos que ayudan a afrontar la ansiedad con mayor control y seguridad.

5

ALIMENTACIÓN Y SALUD MENTAL

EL EJE INTESTINO-CEREBRO

El intestino y el cerebro están más conectados de lo que parece. Durante mucho tiempo, la salud mental y la salud digestiva se han tratado como dos áreas independientes, pero la ciencia ha demostrado que existe un vínculo profundo entre ambas. Este sistema de comunicación bidireccional, conocido como **eje intestino-cerebro**, juega un papel fundamental en la regulación del estado de ánimo, el manejo del estrés y la respuesta a la ansiedad.

El intestino no es solo un órgano digestivo; en su interior habita un ecosistema complejo de microorganismos conocido como **microbiota intestinal**. Estos billones de bacterias no solo ayudan a digerir los alimentos, sino que también participan activamente en la producción de neurotransmisores como la **serotonina**, el compuesto químico responsable de la sensación de bienestar y equilibrio emocional. De hecho, aproximadamente el **90% de la serotonina del cuerpo se produce en el intestino**, lo que significa que cualquier alteración en la microbiota puede afectar directamente el estado de ánimo.

Cuando la microbiota está equilibrada, el intestino y el cerebro trabajan en armonía, reduciendo la inflamación y promoviendo una respuesta saludable al estrés. Sin embargo, una dieta pobre en nutrientes, rica en azúcares refinados y procesados, puede alterar este equilibrio, favoreciendo el crecimiento de bacterias dañinas y generando un estado de **inflamación crónica**. Esta inflamación afecta el sistema nervioso, aumentando la producción de cortisol y debilitando la capacidad del cerebro para regular la ansiedad.

Además, el intestino se comunica con el cerebro a través del **nervio vago**, una autopista neuronal que transporta información en ambas direcciones. Cuando la microbiota está en equilibrio, esta señalización es fluida y favorece la producción de neurotransmisores calmantes como el **GABA**, que reduce la sobreexcitación neuronal y ayuda a controlar los pensamientos acelerados característicos de la ansiedad. Pero cuando el intestino está inflamado o desequilibrado, esta comunicación se interrumpe, favoreciendo un estado de hipervigilancia y estrés constante.

Los síntomas físicos de una microbiota alterada son claros: hinchazón, digestión lenta, fatiga, cambios en el apetito y molestias intestinales. Pero sus efectos van mucho más allá del sistema digestivo. La falta de diversidad bacteriana en el intestino se ha relacionado con un mayor riesgo de depresión, ataques de pánico e incluso dificultades para concentrarse.

Afortunadamente, el eje intestino-cerebro no es un sistema fijo; se puede mejorar con cambios en la alimentación y el estilo de vida. Una dieta rica en **alimentos fermentados, fibra, prebióticos y probióticos** fortalece la microbiota y favorece una comunicación más eficiente con el cerebro. Reducir el consumo de alimentos ultraprocesados, evitar el exceso de azúcar y priorizar ingredientes naturales puede marcar una diferencia significativa en la regulación del estrés y la ansiedad.

El bienestar emocional no solo depende de la mente, sino también de lo que ocurre en el intestino. Restaurar el equilibrio de la microbiota y reducir la inflamación permite recuperar la estabilidad emocional desde dentro, proporcionando una base sólida para gestionar la ansiedad de manera más efectiva.

ALIMENTOS QUE AYUDAN A REDUCIR LA ANSIEDAD

El cuerpo y la mente están profundamente conectados, y la alimentación juega un papel clave en el equilibrio emocional. Lo que comemos no solo influye en la energía y el funcionamiento del organismo, sino también en la producción de neurotransmisores esenciales para la regulación del estado de ánimo. Una dieta basada en alimentos naturales y ricos en nutrientes puede ser una herramienta poderosa para reducir la ansiedad y fortalecer la resiliencia mental.

Uno de los compuestos más importantes para la salud del cerebro es el **omega-3**, un tipo de ácido graso esencial que se encuentra en pescados grasos como el salmón, la sardina y el atún, así como en semillas de chía, linaza y nueces. Estos ácidos grasos tienen un efecto antiinflamatorio y ayudan a mejorar la comunicación entre las neuronas, promoviendo la producción de serotonina y dopamina, neurotransmisores clave en la sensación de bienestar. Numerosos estudios han demostrado que una dieta rica en omega-3 puede reducir los niveles de cortisol y mejorar la respuesta al estrés.

Otro nutriente fundamental es el **magnesio**, un mineral que actúa directamente sobre el sistema nervioso, ayudando a relajar los músculos y a regular la actividad cerebral. La deficiencia de magnesio se ha asociado con un aumento de la ansiedad y la dificultad para manejar el estrés. Alimentos como espinacas, almendras, aguacates, plátanos y chocolate negro con alto contenido de cacao son excelentes fuentes de magnesio y pueden contribuir a una sensación de calma.

Los **probióticos** también desempeñan un papel crucial en la salud mental. Estos microorganismos beneficiosos, presentes en alimentos fermentados como el yogur natural, el kéfir, el chucrut y el kimchi, ayudan a equilibrar la microbiota intestinal y fortalecen la comunicación entre el intestino y el cerebro. Dado que gran parte de la serotonina del cuerpo se produce en el intestino, mantener una microbiota saludable es esencial para regular el estado de ánimo y reducir la ansiedad.

La **vitamina B6** es otro nutriente esencial, ya que participa en la síntesis de neurotransmisores como la serotonina y el GABA, que ayudan a calmar la mente. Se encuentra en alimentos como el pollo, el atún, los garbanzos, las patatas y las semillas de girasol. Incluir estos alimentos en la dieta diaria puede mejorar la estabilidad emocional y reducir la sensación de nerviosismo.

Los **carbohidratos complejos**, como los que se encuentran en la avena, la quinoa, el arroz integral y las legumbres, también pueden tener un impacto positivo en la ansiedad. A diferencia de los azúcares refinados, que generan picos y caídas bruscas en los niveles de glucosa en sangre, los carbohidratos de absorción lenta proporcionan energía sostenida y favorecen la producción de serotonina, promoviendo una sensación de calma y estabilidad.

Por otro lado, es importante evitar o reducir el consumo de alimentos que pueden empeorar la ansiedad, como el café en exceso, los azúcares refinados y los ultraprocesados. Estos productos pueden provocar desequilibrios en la química cerebral y aumentar la sensación de inquietud.

La alimentación es una herramienta poderosa para regular la ansiedad de forma natural. Pequeños cambios en la dieta pueden marcar una gran diferencia en la forma en que el cuerpo y la mente responden al estrés, proporcionando los nutrientes necesarios para fortalecer la resiliencia emocional y promover un bienestar duradero.

RECETAS SIMPLES PARA EL BIENESTAR EMOCIONAL

La alimentación es una de las formas más directas de influir en el estado de ánimo. Cada bocado que ingerimos no solo nutre el cuerpo, sino que también afecta la producción de neurotransmisores esenciales para la estabilidad emocional. Incorporar ingredientes ricos en **omega-3, magnesio, probióticos y**

antioxidantes puede ayudar a reducir la ansiedad y mejorar la claridad mental. Para hacer que estos nutrientes formen parte del día a día, es clave contar con recetas sencillas, deliciosas y fáciles de preparar.

Una excelente opción para empezar la mañana con energía y equilibrio es un **batido antiestrés**. Combinar un plátano maduro con un puñado de espinacas, una cucharada de semillas de chía y un vaso de leche vegetal crea una bebida rica en magnesio y triptófano, dos compuestos fundamentales para la producción de serotonina. Este batido no solo es saciante, sino que también estabiliza los niveles de azúcar en sangre, evitando picos de ansiedad durante el día.

El desayuno también puede incluir **avena con frutos secos y miel**, una combinación que favorece la relajación. La avena contiene carbohidratos de absorción lenta, lo que ayuda a mantener la energía estable sin generar subidas bruscas de glucosa, mientras que las nueces y almendras aportan ácidos grasos esenciales y magnesio. Agregar una cucharada de miel cruda potencia el efecto calmante gracias a su contenido de antioxidantes y compuestos antiinflamatorios.

Para el almuerzo, un **bowl de quinoa con salmón y aguacate** es una opción completa y equilibrada. La quinoa es una excelente fuente de proteínas vegetales y fibra, mientras que el salmón aporta una alta concentración de omega-3, esencial para la regulación del estado de ánimo. El aguacate, rico en grasas saludables, mejora la absorción de nutrientes y proporciona una sensación de saciedad prolongada. Añadir un aderezo de aceite de oliva y limón no solo realza el sabor, sino que también proporciona polifenoles con propiedades neuroprotectoras.

Otra alternativa es una **ensalada de garbanzos con pepino, tomate y kéfir**. Los garbanzos son ricos en vitamina B6, un nutriente clave en la síntesis de serotonina, mientras que el kéfir es una de las mejores fuentes de probióticos naturales, fundamentales para el equilibrio de la microbiota intestinal. Mezclar estos ingredientes con un poco de aceite de linaza y hierbas frescas potencia aún más su efecto beneficioso sobre el sistema nervioso.

Para la cena, una opción reconfortante es una **crema de calabaza y cúrcuma con semillas de girasol**. La calabaza aporta betacarotenos y fibra, ayudando a una digestión ligera antes de dormir, mientras que la cúrcuma actúa como un potente antiinflamatorio cerebral. Las semillas de girasol, ricas en magnesio y zinc, complementan el plato proporcionando un extra de nutrientes que favorecen la relajación.

Como snack o postre, el **chocolate negro con almendras** es una excelente alternativa. El cacao puro contiene flavonoides que mejoran el flujo sanguíneo al cerebro y favorecen la liberación de endorfinas, reduciendo el estrés de manera natural. Combinado con almendras, que aportan magnesio y grasas saludables, este snack es ideal para esos momentos en los que se necesita un pequeño impulso de bienestar sin recurrir a opciones procesadas.

Preparar recetas que favorezcan el equilibrio emocional no requiere ingredientes exóticos ni largas horas en la cocina. Con elecciones inteligentes y combinaciones adecuadas, la alimentación puede convertirse en una aliada poderosa para calmar la mente y fortalecer el cuerpo. Lo que comemos influye directamente en cómo nos sentimos, y cada comida es una oportunidad para nutrirnos desde adentro hacia afuera.

6

EJERCICIO FÍSICO Y BIENESTAR EMOCIONAL

CÓMO EL EJERCICIO AFECTA EL CEREBRO

El ejercicio físico es una de las herramientas más potentes para regular la ansiedad y mejorar el estado de ánimo. Su impacto va mucho más allá de la apariencia o el estado físico: **modifica la química del cerebro, reduce el estrés y fortalece la resiliencia emocional**. No se trata solo de mover el cuerpo, sino de activar mecanismos biológicos que influyen directamente en el bienestar mental.

Uno de los principales efectos del ejercicio en el cerebro es la **liberación de endorfinas**, conocidas como las hormonas de la felicidad. Estas sustancias actúan como analgésicos naturales y generan una sensación de placer y relajación después de la actividad física.

Cuando se realiza ejercicio de forma regular, el cuerpo aprende a liberar endorfinas de manera más eficiente, lo que contribuye a un estado emocional más equilibrado.

Otro neurotransmisor clave que se activa con el ejercicio es la **dopamina**, fundamental para la motivación y la sensación de recompensa. La ansiedad suele estar relacionada con un déficit de dopamina, lo que puede generar apatía y falta de interés por las actividades diarias. Practicar ejercicio de forma constante ayuda a regular este sistema, mejorando la capacidad de disfrutar el presente y reduciendo la rumiación mental.

Además, el ejercicio influye en la **neuroplasticidad**, la capacidad del cerebro para adaptarse y crear nuevas conexiones neuronales. Durante la actividad física, se estimula la producción de **BDNF (factor neurotrófico derivado del cerebro)**, una proteína que protege las neuronas y favorece su regeneración. Esto es especialmente importante en personas que sufren ansiedad crónica, ya que la constante activación del sistema de alerta puede debilitar ciertas áreas del cerebro, como el hipocampo, que es clave en la regulación del miedo y la memoria emocional.

Otro aspecto fundamental es la reducción del **cortisol**, la hormona del estrés. Cuando la ansiedad se mantiene en niveles elevados, el cuerpo produce cortisol en exceso, lo que puede provocar inflamación, agotamiento y dificultades cognitivas. El ejercicio físico ayuda a regular esta respuesta, enseñando al cuerpo a liberar la tensión acumulada y restaurando el equilibrio hormonal.

Más allá de los cambios bioquímicos, el ejercicio también tiene un impacto psicológico profundo. Al requerir concentración y esfuerzo físico, se convierte en una forma de **meditación en movimiento**, alejando la mente de las preocupaciones y anclándola en el presente. Además, la sensación de logro después de una sesión de entrenamiento refuerza la autoconfianza y la percepción de control sobre la propia vida, dos aspectos clave para combatir la ansiedad.

No es necesario realizar entrenamientos intensos para obtener estos beneficios. **Incluso una caminata de 30 minutos al día puede generar cambios significativos en el estado de ánimo y en la respuesta al estrés**. La clave está en la constancia y en encontrar una actividad que resulte placentera, de modo que el ejercicio no se sienta como una obligación, sino como una herramienta natural para recuperar el bienestar.

TIPOS DE EJERCICIO PARA LA ANSIEDAD

El ejercicio físico es una de las estrategias más eficaces para reducir la ansiedad, pero no todos los tipos de actividad generan el mismo impacto en el sistema nervioso. Para que el movimiento sea realmente una herramienta de calma y regulación emocional, es importante elegir la actividad adecuada. Algunos ejercicios ayudan a liberar tensión, otros mejoran la concentración y otros fomentan un estado de relajación profunda. Encontrar el equilibrio entre ellos es la clave para construir una rutina sostenible y efectiva.

Uno de los más recomendados es el **yoga**, una práctica que combina movimiento, respiración y mindfulness. A diferencia de los entrenamientos de alta intensidad, el yoga no busca un esfuerzo extremo, sino la conexión entre cuerpo y mente. A través de posturas suaves y controladas, ayuda a reducir la rigidez muscular provocada por la ansiedad y a calmar el sistema nervioso. Además, el énfasis en la respiración profunda permite activar el sistema parasimpático, el encargado de la relajación, reduciendo la frecuencia cardíaca y la producción de cortisol. Diversos estudios han demostrado que el yoga puede disminuir los niveles de estrés y mejorar la resiliencia emocional en personas con ansiedad crónica.

Otro tipo de ejercicio altamente beneficioso es la **caminata consciente**. Caminar es un movimiento natural para el cuerpo humano, y su simplicidad lo convierte en una excelente herramienta de regulación emocional. No solo mejora la circulación y libera endorfinas, sino que también ayuda a romper el ciclo de pensamientos repetitivos que alimentan la ansiedad.

Cuando se practica con atención plena, enfocándose en la sensación de los pies sobre el suelo, la respiración y los sonidos del entorno, se convierte en un ejercicio de meditación en movimiento que ancla la mente en el presente. Caminar en espacios abiertos, especialmente en la naturaleza, potencia aún más sus efectos calmantes, ya que el contacto con el entorno natural tiene un impacto positivo en la reducción del estrés.

El **entrenamiento de fuerza** es otra opción altamente recomendada para quienes buscan una forma activa de canalizar la ansiedad. Levantar pesas o realizar ejercicios de resistencia no solo mejora la condición física, sino que también ayuda a fortalecer la mente. Durante el esfuerzo físico, la concentración se dirige completamente al movimiento, interrumpiendo la rumiación mental y permitiendo un descanso del flujo de pensamientos ansiosos. Además, el entrenamiento de fuerza promueve la producción de dopamina, el neurotransmisor asociado a la motivación y la sensación de logro. Con el tiempo, esta práctica mejora la autoestima y la percepción de control sobre el cuerpo, dos factores clave en la regulación emocional.

Para quienes prefieren un enfoque más dinámico, los **ejercicios cardiovasculares** como correr, bailar o andar en bicicleta pueden ser una excelente opción. Estas actividades generan un aumento en la frecuencia cardíaca que, en lugar de intensificar la ansiedad, ayuda a liberar el exceso de tensión acumulada en el cuerpo.

El impacto positivo del cardio en el estado de ánimo se debe a la liberación de endorfinas y a la mejora de la oxigenación cerebral, lo que favorece una sensación de claridad mental y bienestar. Además, actividades como el baile o los deportes en grupo añaden un componente social que puede reforzar la sensación de conexión y pertenencia, reduciendo el aislamiento emocional.

Cada persona responde de manera diferente a los distintos tipos de ejercicio, por lo que no existe una única fórmula ideal. Lo importante es encontrar una actividad que sea disfrutable y que se pueda integrar de forma natural en la rutina diaria. Más allá del tipo de movimiento elegido, lo que realmente marca la diferencia es la constancia. La ansiedad se alimenta del exceso de tensión física y mental, y el ejercicio es una forma efectiva de liberar esa carga. Convertir el movimiento en un hábito no solo mejora la salud física, sino que también fortalece la mente y crea un espacio de calma en medio del caos cotidiano.

CÓMO CREAR UNA RUTINA SOSTENIBLE

Iniciar una rutina de ejercicio puede ser sencillo, pero mantenerla en el tiempo es el verdadero desafío. Muchas personas comienzan con entusiasmo, pero con el paso de los días, la falta de motivación, el cansancio o la rutina diaria terminan por interponerse. Sin embargo, el ejercicio solo produce beneficios a largo plazo si se convierte en un hábito constante. Para que esto ocurra, es fundamental diseñar una estrategia realista, adaptada a la vida cotidiana y orientada al bienestar más que al rendimiento.

El primer paso para crear una rutina sostenible es elegir una actividad que **realmente sea placentera**. Muchas personas abandonan el ejercicio porque lo ven como una obligación o un castigo. Sin embargo, cuando se encuentra una forma de movimiento que se disfruta, el esfuerzo deja de ser un sacrificio y se convierte en un espacio de desconexión y alivio. No es necesario seguir una rutina rígida ni acudir a un gimnasio si no es algo que genera motivación. Caminar al aire libre, practicar yoga, nadar o bailar pueden ser opciones igualmente efectivas para reducir la ansiedad y mejorar el estado de ánimo.

Otro aspecto clave es establecer un **horario fijo**. La falta de tiempo suele ser una de las principales excusas para no hacer ejercicio, pero en realidad, no se trata de "tener tiempo", sino de "crear tiempo". Elegir un momento específico del día, como por la mañana antes del trabajo o por la tarde después de las actividades diarias, ayuda a consolidar el hábito. Al integrar el ejercicio en la rutina como si fuera una cita inamovible, la mente lo asimila como parte del día a día, reduciendo la tendencia a postergarlo.

Para mantener la constancia, es importante empezar con **objetivos pequeños y alcanzables.** Muchas personas comienzan con metas demasiado ambiciosas, como entrenar una hora todos los días, y cuando no logran cumplirlas, se sienten frustradas y abandonan. La clave es establecer un punto de partida realista, como 10 o 15 minutos al día, y luego aumentar progresivamente el tiempo y la intensidad. Incluso sesiones cortas generan beneficios y, con el tiempo, el hábito se refuerza de manera natural.

El entorno también juega un papel fundamental en la creación de una rutina sostenible. Practicar ejercicio en un **ambiente agradable y libre de distracciones** puede marcar la diferencia en la experiencia. Tener ropa cómoda y lista para usar, preparar el espacio con antelación y reducir los obstáculos previos a la actividad facilitan la adherencia al hábito. Además, rodearse de personas con hábitos similares puede aumentar la motivación: entrenar en grupo o compartir los avances con amigos crea un sentido de compromiso que ayuda a mantener la constancia.

Uno de los errores más comunes al iniciar una rutina de ejercicio es enfocarse solo en los resultados visibles. Cuando el objetivo principal es bajar de peso o tonificar el cuerpo, la frustración puede aparecer rápidamente si no se ven cambios inmediatos. En cambio, cuando el foco está en los **beneficios emocionales y mentales**, la motivación se vuelve más fuerte. El ejercicio no solo transforma el cuerpo, sino que también mejora la calidad del sueño, aumenta la claridad mental y reduce el estrés acumulado.

La clave para que el ejercicio se mantenga en el tiempo es convertirlo en parte del estilo de vida, en lugar de verlo como una tarea temporal. No se trata de hacer entrenamientos extremos durante unas semanas, sino de encontrar una forma de movimiento que se pueda sostener durante años. La regularidad es más importante que la intensidad: es preferible ejercitarse de manera moderada todos los días que hacer sesiones agotadoras y luego abandonar.

El proceso de incorporar el ejercicio como hábito no es lineal. Habrá días en los que la motivación será alta y otros en los que costará más moverse. Lo importante es entender que la constancia no significa perfección, sino volver a intentarlo cada vez que se interrumpe la rutina. Cada pequeña acción cuenta, y con el tiempo, el ejercicio deja de ser un esfuerzo para convertirse en una fuente de bienestar inagotable.

7

HÁBITOS SALUDABLES PARA UNA MENTE SANA

LA IMPORTANCIA DE LOS HÁBITOS

La mente humana es el reflejo de sus hábitos diarios. Cada acción repetida moldea el cerebro, creando patrones de pensamiento y comportamiento que pueden fortalecer la calma o, por el contrario, alimentar la ansiedad. La clave para recuperar el equilibrio emocional no está en cambios drásticos de un día para otro, sino en la construcción de pequeños hábitos que, con el tiempo, transforman la forma en que se afronta la vida.

El poder de los hábitos radica en la **neuroplasticidad**, la capacidad del cerebro para adaptarse y reconfigurarse en función de la repetición. Cada vez que se repite una acción, se refuerzan ciertas conexiones neuronales, facilitando que el comportamiento se vuelva automático. Esto explica por qué los patrones de ansiedad pueden ser tan persistentes: si la mente ha aprendido a reaccionar con miedo y preocupación ante determinadas situaciones, seguirá haciéndolo hasta que se le enseñe una nueva forma de responder.

Los hábitos no son solo rutinas mecánicas, sino estructuras que determinan el bienestar emocional. Las personas que sufren ansiedad suelen tener patrones diarios que refuerzan su estado mental, como el uso excesivo de dispositivos electrónicos, la falta de descanso adecuado o la postergación de actividades que generan placer. Cambiar estos hábitos no es fácil, pero es posible con una estrategia adecuada y un enfoque progresivo.

Uno de los aspectos más importantes en la creación de hábitos saludables es la **repetición consciente**. A menudo, las personas intentan hacer cambios radicales, pero la mente rechaza lo que le resulta demasiado ajeno. En cambio, si se introducen pequeñas modificaciones de manera constante, el cerebro las asimila sin resistencia. Por ejemplo, en lugar de intentar transformar por completo la rutina matutina de un día para otro, se puede comenzar con una sola acción positiva, como beber un vaso de agua al despertar o hacer dos minutos de respiración consciente antes de empezar el día.

El entorno también influye en la consolidación de hábitos. Si el ambiente está lleno de estímulos que favorecen el estrés, será más difícil adoptar prácticas que promuevan la calma. Pequeños ajustes, como reducir la exposición a noticias negativas, crear espacios organizados o establecer momentos libres de pantallas, pueden facilitar el proceso de cambio. Además, rodearse de personas que fomenten hábitos positivos refuerza la motivación y la disciplina.

Otro aspecto clave es la **automatización de los hábitos**. Cuanto menos esfuerzo se requiera para realizar una acción, más fácil será convertirla en parte de la rutina. Por ejemplo, si se quiere leer más antes de dormir, dejar un libro en la mesa de noche reduce la fricción y aumenta la probabilidad de que el hábito se mantenga. Si se quiere incorporar el ejercicio, tener la ropa deportiva lista la noche anterior facilita el inicio.

El impacto de los hábitos en la ansiedad es profundo porque afectan la percepción de control sobre la vida. Cuando una persona siente que tiene dominio sobre sus rutinas, se genera una sensación de estabilidad que reduce la incertidumbre y el estrés. La ansiedad prospera en la falta de estructura, en el caos y en la postergación; por el contrario, se debilita cuando la mente sabe qué esperar y tiene anclajes que le proporcionan seguridad.

El verdadero cambio no ocurre de un día para otro, sino en la repetición constante de pequeñas acciones que, con el tiempo, transforman la forma de vivir. No se trata de perfección ni de imponer reglas rígidas, sino de construir una rutina que favorezca el bienestar de manera natural. La ansiedad no se elimina con fuerza de voluntad, sino con decisiones repetidas que, poco a poco, enseñan al cerebro una nueva manera de existir en el mundo.

HÁBITOS MATUTINOS Y VESPERTINOS

La manera en que se empieza y se termina el día tiene un impacto profundo en la salud mental. Una rutina matutina equilibrada puede marcar la diferencia entre un día dominado por la ansiedad o un día con mayor estabilidad emocional. Del mismo modo, lo que se hace antes de dormir influye en la calidad del descanso y en la capacidad del cerebro para recuperarse del estrés acumulado. **Los hábitos matutinos preparan la mente para afrontar el día con calma, mientras que los hábitos nocturnos crean las condiciones necesarias para un sueño reparador y regenerador.**

Uno de los errores más comunes al despertar es revisar el teléfono de inmediato. **Exponerse a noticias, correos electrónicos o redes sociales en los primeros minutos del día activa el sistema nervioso simpático, desencadenando una respuesta de estrés**

antes incluso de salir de la cama. En lugar de comenzar el día con un torrente de información externa, es más beneficioso dedicar los primeros momentos a la conexión con el propio cuerpo y la mente.

Un hábito poderoso para iniciar la mañana con estabilidad emocional es la **respiración consciente**. Practicar unas pocas respiraciones profundas antes de levantarse ayuda a oxigenar el cerebro y a reducir la activación del sistema de alerta. A esto se puede sumar la **hidratación con agua**, ya que el cuerpo pierde líquidos durante la noche y reponerlos contribuye a la claridad mental y la regulación del estado de ánimo.

Mover el cuerpo al despertar es otra estrategia clave. **No es necesario hacer entrenamientos intensos; incluso unos minutos de estiramientos o una breve caminata pueden activar la circulación y reducir la rigidez provocada por la tensión nocturna.** El ejercicio matutino, aunque sea de baja intensidad, favorece la liberación de endorfinas y ayuda a regular los niveles de cortisol, lo que previene la sensación de ansiedad temprana.

Otro elemento fundamental en la rutina de la mañana es la alimentación. **Un desayuno equilibrado, rico en proteínas, grasas saludables y carbohidratos complejos, proporciona energía estable y evita los picos de azúcar en sangre que pueden generar**

nerviosismo e irritabilidad. Alimentos como avena, yogur natural con frutos secos o huevos con aguacate favorecen un estado de ánimo más equilibrado.

La forma en que se estructuran las primeras horas del día también influye en la concentración y el enfoque. **Evitar la sobrecarga de tareas desde el primer momento y establecer prioridades claras reduce la sensación de caos y mejora la productividad sin generar estrés innecesario.** Tomarse unos minutos para planificar el día, en lugar de reaccionar de manera impulsiva a las demandas externas, da una mayor sensación de control.

Si la mañana define el tono del día, la noche determina la calidad del descanso y la capacidad del cerebro para recuperarse. **El insomnio y la ansiedad nocturna son problemas comunes, y muchas veces están relacionados con hábitos poco saludables antes de dormir.** La exposición a pantallas, el consumo de cafeína en la tarde o la falta de una rutina relajante pueden dificultar el sueño y aumentar la sensación de agotamiento mental.

Uno de los hábitos más efectivos para preparar el cuerpo para dormir es **reducir la luz artificial al menos una hora antes de acostarse**. La luz azul de los dispositivos electrónicos interfiere con la producción de melatonina, la hormona responsable del sueño. Sustituir el uso de pantallas por actividades como la lectura o la escritura en un diario puede ayudar a relajar la mente.

Otra estrategia útil es la práctica de **rituales de desconexión**, como tomar una infusión relajante, realizar ejercicios de respiración o escribir pensamientos del día para liberar preocupaciones antes de dormir. **El cerebro necesita señales claras de que es momento de descansar, y estas pequeñas acciones crean una transición natural hacia el sueño profundo.**

El descanso reparador no solo depende de la duración del sueño, sino también de su calidad. **Irse a la cama y despertarse a la misma hora todos los días, incluso los fines de semana, ayuda a regular el reloj biológico y mejora la estabilidad emocional.** Crear un ambiente adecuado, con una habitación fresca, oscura y libre de distracciones, favorece un sueño más profundo y regenerador.

Los hábitos matutinos y vespertinos no son solo una serie de acciones, sino una estructura que da estabilidad a la mente. **Cuando la mañana comienza con calma y la noche termina con un descanso adecuado, el cerebro está mejor preparado para manejar el estrés y la ansiedad a lo largo del día.** La clave está en la consistencia: pequeñas acciones repetidas diariamente generan grandes cambios en la salud mental y emocional.

CÓMO MANTENER LOS HÁBITOS A LARGO PLAZO

Construir hábitos saludables es solo el primer paso; el verdadero reto es mantenerlos en el tiempo. La mayoría de las personas comienzan con entusiasmo, pero con el paso de los días, la motivación disminuye y los antiguos patrones vuelven a aparecer. Esto no ocurre por falta de disciplina, sino porque la mente tiende a regresar a lo familiar, incluso si no es lo mejor para el bienestar. Para que un hábito se convierta en parte natural de la vida, es necesario entender cómo funciona el cerebro y aplicar estrategias que refuercen la constancia sin depender únicamente de la fuerza de voluntad.

Uno de los errores más comunes al intentar mantener un hábito es **confiar en la motivación como único motor del cambio**. La motivación es volátil: hay días en los que se siente con fuerza, y otros en los que desaparece por completo. Basarse en el entusiasmo inicial no es suficiente; en su lugar, es más efectivo crear un sistema que haga que el hábito sea fácil de repetir, incluso en los días difíciles.

La clave para lograrlo está en la **identidad y la autoimagen**. En lugar de enfocarse en lo que se quiere hacer, es más útil preguntarse en quién se quiere convertir. No se trata solo de meditar todas las mañanas, sino de verse a sí mismo como alguien que practica mindfulness. No se trata solo de hacer ejercicio, sino de ser una persona que cuida su cuerpo. Cuando un hábito se asocia a la identidad, es más fácil sostenerlo en el tiempo, porque no se ve como una tarea opcional, sino como una parte natural de quién se es.

Otro factor determinante es la **simplicidad y accesibilidad** del hábito. Cuanto más complicado sea llevarlo a cabo, más probabilidades hay de abandonarlo. Si se quiere mantener la meditación diaria, tener un espacio ya preparado y una silla cómoda lo hará más fácil. Si el objetivo es hacer ejercicio, dejar la ropa deportiva lista desde la noche anterior reduce la fricción. **Eliminar barreras facilita la repetición del hábito hasta que se vuelve automático.**

La **recompensa inmediata** también juega un papel importante. El cerebro está diseñado para buscar gratificación a corto plazo, y muchos hábitos saludables tienen beneficios que solo se perciben con el tiempo. Para contrarrestar esto, se puede asociar cada hábito con una recompensa inmediata. Por ejemplo, después de completar una sesión de ejercicio, escuchar una canción favorita; después de escribir en un diario, tomar una infusión relajante. **Pequeñas gratificaciones ayudan al cerebro a relacionar el hábito con una experiencia placentera, reforzando su repetición.**

Otro aspecto fundamental es la **consistencia en lugar de la perfección**. Muchas personas abandonan sus hábitos porque fallan un día y sienten que han perdido el progreso. Sin embargo, perder una sesión de ejercicio o saltarse una meditación no borra el trabajo hecho. Lo que realmente importa es no fallar dos veces seguidas. Si un día no se cumple el hábito, lo único necesario es retomarlo al día siguiente, sin culpa ni autocrítica.

El entorno también influye en la capacidad de mantener hábitos a largo plazo. **Rodearse de personas que fomenten hábitos saludables hace que sea más fácil sostenerlos**, ya sea uniéndose a un grupo con intereses similares o compartiendo los avances con alguien de confianza. La influencia del entorno es tan fuerte que, muchas veces, los comportamientos de quienes nos rodean determinan nuestras propias acciones sin que lo notemos.

Finalmente, el **registro y seguimiento del progreso** puede marcar la diferencia. Llevar un diario donde se anote cada día en el que se ha cumplido el hábito crea una sensación de logro y motiva a seguir adelante. Incluso un simple calendario con marcas visuales refuerza la constancia y ayuda a evitar interrupciones prolongadas.

Mantener los hábitos no es cuestión de fuerza de voluntad, sino de estrategia. **Cuando se diseñan de manera que sean fáciles, accesibles y satisfactorios,**

se convierten en parte natural de la vida. La clave está en la repetición constante, en asociar los hábitos con la identidad y en permitir que cada pequeña acción sume en el camino hacia una mente más sana y equilibrada.

8

TERAPIAS NATURALES Y COMPLEMENTARIAS

AROMATERAPIA Y ACEITES ESENCIALES

El sentido del olfato tiene una conexión directa con el cerebro emocional. A diferencia de otros estímulos sensoriales, los aromas no necesitan ser procesados racionalmente antes de generar una respuesta; llegan de forma inmediata al sistema límbico, la región encargada de regular las emociones, la memoria y la respuesta al estrés. Por esta razón, la **aromaterapia** se ha utilizado durante siglos como una herramienta para promover la calma y reducir la ansiedad.

Los **aceites esenciales** son extractos altamente concentrados de plantas, flores y hierbas que contienen compuestos con propiedades terapéuticas. Su efecto sobre la mente y el cuerpo depende de sus componentes bioactivos, los cuales pueden influir en el sistema nervioso, regular la producción de neurotransmisores y favorecer la relajación. Cuando se inhalan o se aplican sobre la piel, estos aceites pueden generar una respuesta fisiológica inmediata, ayudando a reducir la tensión y restaurar el equilibrio emocional.

Uno de los aceites esenciales más estudiados para la ansiedad es el de **lavanda**. Su aroma tiene la capacidad de disminuir la actividad del sistema nervioso simpático, reduciendo la liberación de cortisol y promoviendo la sensación de tranquilidad. Estudios han demostrado que la lavanda ayuda a mejorar la calidad del sueño, reducir la inquietud y calmar los pensamientos acelerados. Se puede utilizar en un difusor antes de dormir, aplicar diluido en las muñecas o añadir unas gotas a la almohada para favorecer el descanso.

Otro aceite con propiedades calmantes es el de **manzanilla**, conocida por su efecto relajante tanto a nivel digestivo como nervioso. Su aroma es ideal para momentos de estrés intenso o ansiedad generalizada, ya que ayuda a disminuir la irritabilidad y a inducir un estado de serenidad. También puede aplicarse en baños de agua caliente o mezclarse con aceites portadores para un masaje relajante en el cuello y los hombros.

El aceite de **incienso**, utilizado desde la antigüedad en rituales de meditación, tiene un efecto profundo sobre la mente. Su aroma estimula la respiración pausada y favorece un estado de introspección y equilibrio emocional. Es especialmente útil para momentos de ansiedad existencial o preocupaciones excesivas sobre el futuro.

Para quienes buscan claridad mental y alivio del agotamiento emocional, el aceite de **bergamota** es una excelente opción. Sus notas cítricas elevan el estado de ánimo y ayudan a disipar la sensación de pesadez mental. Se ha comprobado que la bergamota puede reducir los niveles de ansiedad en situaciones de alto estrés, como antes de una presentación o en momentos de incertidumbre.

El uso de los aceites esenciales puede integrarse de diversas formas en la rutina diaria. Unas gotas en un difusor pueden transformar el ambiente de un espacio, creando un entorno más relajante. También pueden aplicarse en puntos estratégicos del cuerpo, como las sienes o la parte interna de las muñecas, siempre diluidos en un aceite base como el de almendra o coco para evitar irritaciones en la piel. Otra forma efectiva de aprovechar sus beneficios es mediante la inhalación directa: simplemente frotando unas gotas en las manos y respirando profundamente durante unos segundos.

Si bien la aromaterapia no reemplaza otros tratamientos para la ansiedad, su efecto sobre el sistema nervioso la convierte en una herramienta complementaria poderosa. Al activar la conexión entre el olfato y las emociones, los aceites esenciales permiten crear momentos de pausa y bienestar en medio del caos cotidiano, ayudando a entrenar la mente para responder con mayor calma ante el estrés.

SUPLEMENTOS NATURALES

El cuerpo necesita una combinación equilibrada de vitaminas, minerales y compuestos bioactivos para regular el estado de ánimo y mantener un sistema nervioso estable. Cuando hay deficiencias nutricionales o un alto nivel de estrés, el equilibrio químico del cerebro se ve alterado, lo que puede aumentar la ansiedad y la sensación de agotamiento. **Los suplementos naturales pueden ser una herramienta efectiva para restaurar este equilibrio y ayudar a manejar la ansiedad de manera más sostenible.**

Uno de los suplementos más estudiados para la relajación es el **magnesio**, un mineral esencial en la regulación del sistema nervioso. El magnesio actúa como un modulador natural del estrés, ayudando a reducir la excitabilidad neuronal y promoviendo la producción de GABA, el neurotransmisor responsable de la calma. Muchas personas con ansiedad tienen niveles bajos de magnesio debido a una alimentación deficiente o al desgaste generado por el estrés crónico. **Tomar magnesio antes de dormir no solo mejora la calidad del sueño, sino que también reduce la sensación de tensión muscular y los pensamientos acelerados.**

Otro suplemento con efectos comprobados es la **ashwagandha**, una planta adaptógena utilizada en la medicina ayurvédica. Los adaptógenos son compuestos que ayudan al cuerpo a adaptarse al estrés, regulando la producción de cortisol y equilibrando la respuesta del sistema nervioso. La ashwagandha ha demostrado ser efectiva para disminuir la ansiedad generalizada, mejorar la resistencia al estrés y reducir la fatiga mental. **Es especialmente útil para personas que experimentan agotamiento emocional y sensación de sobrecarga.**

La **L-teanina**, un aminoácido presente en el té verde, es otra opción natural para mejorar la relajación sin causar somnolencia. La L-teanina favorece la producción de ondas alfa en el cerebro, que están asociadas a un estado de calma y claridad mental. Su efecto es notable en personas que sufren ansiedad anticipatoria o pensamientos obsesivos, ya que ayuda a reducir la hiperactividad mental sin afectar la concentración. **A diferencia de otros ansiolíticos naturales, la L-teanina no provoca sedación, por lo que es ideal para quienes necesitan mantener un**

alto rendimiento cognitivo sin sentirse sobreestimulados.

Entre las plantas medicinales más efectivas se encuentra la **valeriana**, conocida por sus propiedades sedantes y relajantes. La raíz de valeriana ha sido utilizada durante siglos para combatir el insomnio y la ansiedad nocturna, ya que aumenta la disponibilidad de GABA en el cerebro. **Tomada en infusión o en extracto, la valeriana puede ser un aliado para quienes tienen dificultades para desconectar antes de dormir o sufren de insomnio debido a la ansiedad.**

Otro suplemento ampliamente recomendado es el **5-HTP (5-hidroxitriptófano)**, un compuesto derivado del triptófano que el cuerpo utiliza para producir serotonina. Dado que la serotonina es el neurotransmisor responsable del bienestar y la estabilidad emocional, el 5-HTP puede ser beneficioso para personas que experimentan ansiedad combinada con síntomas depresivos. **Sin embargo, es importante consultar a un profesional antes de tomarlo, especialmente si se están utilizando medicamentos para la ansiedad o la depresión.**

El **aceite de pescado rico en omega-3** también tiene un impacto positivo en la salud mental. Los ácidos grasos EPA y DHA presentes en el omega-3 ayudan a reducir la inflamación en el cerebro, mejorar la comunicación entre las neuronas y regular la producción de dopamina y serotonina. **Un consumo adecuado de omega-3 puede reducir la reactividad al estrés y mejorar la capacidad de recuperación emocional.**

Si bien los suplementos naturales pueden ser una herramienta valiosa para reducir la ansiedad, no funcionan como una solución instantánea. **Su efectividad depende de la constancia y de su integración en un estilo de vida saludable.** Además, cada organismo responde de manera diferente, por lo que es recomendable probar distintas opciones y observar cuál genera mejores resultados. La clave está en utilizarlos como parte de un enfoque holístico, combinado con una alimentación equilibrada, técnicas de respiración y ejercicio físico, para lograr un bienestar duradero.

TERAPIAS ALTERNATIVAS

Más allá de los enfoques tradicionales para manejar la ansiedad, existen **terapias alternativas** que han demostrado ser efectivas para equilibrar el sistema nervioso, reducir la tensión y mejorar el bienestar emocional. Estas terapias no buscan reemplazar la medicina convencional, sino complementarla con técnicas que trabajan a nivel físico, mental y energético. **Cuando la ansiedad se convierte en un estado**

recurrente, integrar estos métodos puede proporcionar alivio sin depender exclusivamente de fármacos o tratamientos estándar.

Una de las terapias más conocidas es la **acupuntura**, una técnica de la medicina tradicional china que se basa en la estimulación de puntos específicos del cuerpo mediante agujas finas. Según esta disciplina, la energía vital, o **"Qi"**, fluye a través de meridianos en el cuerpo, y cuando este flujo se bloquea, pueden aparecer desequilibrios emocionales como la ansiedad. La acupuntura ayuda a restaurar este equilibrio, promoviendo la liberación de endorfinas y reduciendo la actividad del sistema nervioso simpático, lo que genera una sensación de calma profunda. **Diversos estudios han demostrado que la acupuntura puede disminuir los niveles de cortisol y mejorar la calidad del sueño en personas con ansiedad crónica.**

Otra técnica ampliamente utilizada es la **reflexología**, que consiste en la estimulación de puntos específicos en los pies, manos y orejas que están conectados con diferentes órganos y sistemas del cuerpo. **Al aplicar presión en estas zonas, se pueden activar respuestas relajantes que ayudan a reducir la tensión acumulada y mejorar la regulación emocional.** La reflexología es especialmente útil para quienes experimentan ansiedad acompañada de síntomas físicos, como tensión muscular, problemas digestivos o dolores de cabeza.

El **reiki**, una práctica energética de origen japonés, es otra terapia que ha ganado popularidad en el manejo del estrés y la ansiedad. Basado en la transmisión de energía a través de las manos, el reiki trabaja en la armonización de los centros energéticos del cuerpo, conocidos como chakras. **Si bien su mecanismo exacto no ha sido comprobado científicamente, muchas personas reportan una profunda sensación de relajación y alivio después de una sesión.** La clave del reiki está en su capacidad para inducir un estado de meditación pasiva, en el que el sistema nervioso entra en una fase de descanso y recuperación.

Para quienes buscan una técnica basada en el movimiento, el **tai chi** y el **qi gong** ofrecen una combinación de respiración, meditación y ejercicios suaves que favorecen el equilibrio interno. **Estas disciplinas, originarias de la tradición china, han sido estudiadas por su capacidad para reducir la activación del sistema de alerta y promover una sensación de estabilidad emocional.** Su práctica regular ayuda a mejorar la concentración, disminuir la tensión muscular y desarrollar una mayor conciencia corporal, lo que es clave para quienes experimentan ansiedad recurrente.

Otra terapia alternativa que ha mostrado beneficios es el **masaje terapéutico**, en especial aquellos que se enfocan en liberar la tensión acumulada en el cuerpo. La ansiedad suele manifestarse físicamente a través de contracturas en el cuello, los hombros y la espalda. **El masaje no solo ayuda a aliviar estos puntos de tensión, sino que también estimula la producción de serotonina y dopamina, neurotransmisores asociados con el bienestar.**

Las terapias alternativas ofrecen un enfoque holístico para el manejo de la ansiedad, trabajando no solo en los síntomas, sino en el equilibrio general del cuerpo y la mente. **Cada persona responde de manera diferente a estas prácticas, por lo que la clave está en experimentar y encontrar la que mejor se adapte a las propias necesidades.** En combinación con otros hábitos saludables, estas técnicas pueden ser herramientas valiosas para recuperar la serenidad y fortalecer la resiliencia emocional.

9

CÓMO MANEJAR EL ESTRÉS LABORAL

IDENTIFICAR LAS FUENTES DE ESTRÉS LABORAL

El trabajo es una de las principales fuentes de estrés en la vida moderna. Plazos ajustados, exceso de responsabilidades, largas jornadas y una cultura de hiperproductividad pueden generar un nivel de tensión que, si no se maneja correctamente, termina afectando la salud mental y física. **Para reducir el impacto del estrés laboral, el primer paso es identificar sus causas y reconocer cómo afecta el bienestar emocional.**

Uno de los factores más comunes es la **sobrecarga de trabajo**. En muchos entornos laborales, las expectativas son cada vez más altas y los recursos para cumplirlas son limitados. Esto lleva a un ciclo de agotamiento en el que la persona siente que nunca hace lo suficiente. **Cuando la lista de tareas parece interminable, el cerebro entra en un estado de alerta constante, lo que provoca fatiga mental, ansiedad y sensación de insuficiencia.**

Otra causa frecuente es la **falta de control sobre las tareas y el entorno laboral.** Sentir que las decisiones dependen de otros y que el esfuerzo propio no marca la diferencia genera una sensación de impotencia. **Cuando una persona no tiene autonomía para gestionar su tiempo o aportar ideas, el trabajo deja de ser un espacio de crecimiento y se convierte en una fuente de frustración.**

El **ambiente laboral tóxico** es otro detonante del estrés. Un clima de competencia extrema, la falta de reconocimiento o relaciones conflictivas con compañeros y superiores pueden generar un estado de tensión continua. **Las dinámicas de poder mal gestionadas, la falta de comunicación y la presión constante pueden hacer que el lugar de trabajo se sienta más como una amenaza que como un espacio de desarrollo profesional.**

El **desequilibrio entre la vida laboral y personal** es otro factor clave. En una sociedad donde estar siempre disponible se ha normalizado, muchas personas sienten que nunca desconectan del trabajo. **Revisar correos**

fuera del horario laboral, llevar tareas pendientes a casa o sentir culpa por no estar "aprovechando el tiempo" son señales de un límite poco claro entre el trabajo y la vida personal.

Además de los factores externos, el estrés laboral también puede estar influenciado por **expectativas internas poco realistas. El perfeccionismo, el miedo al fracaso y la necesidad de aprobación pueden llevar a una autoexigencia extrema, haciendo que incluso tareas simples se conviertan en una fuente de ansiedad.**

Reconocer estos factores es fundamental para tomar medidas que permitan reducir el impacto del estrés en el día a día. **Una vez que se identifican las causas específicas, es posible desarrollar estrategias efectivas para recuperar el equilibrio y mejorar la relación con el trabajo.**

TÉCNICAS PARA REDUCIR EL ESTRÉS EN EL TRABAJO

El estrés laboral es una realidad para muchas personas, pero no tiene por qué convertirse en un estado permanente. **Gestionarlo de manera efectiva no significa eliminar por completo las exigencias del trabajo, sino aprender a responder a ellas con mayor equilibrio emocional.** Para lograrlo, es necesario aplicar estrategias que ayuden a reducir la sobrecarga mental, mejorar la concentración y evitar que la presión diaria afecte la salud.

Una de las técnicas más efectivas es la **gestión del tiempo**. Cuando las tareas se acumulan sin una estructura clara, la mente entra en un estado de alerta constante, lo que genera ansiedad y dificulta la productividad. **Organizar el trabajo con métodos como la regla del 80/20 (priorizar el 20% de las tareas que generan el 80% de los resultados) o la técnica Pomodoro (trabajar en bloques de tiempo con pausas intermedias) ayuda a reducir la sensación de agobio y a mantener la concentración sin agotarse mentalmente.**

Otra estrategia fundamental es **establecer límites claros**. En un mundo hiperconectado, es fácil caer en la trampa de estar disponible las 24 horas del día, respondiendo correos fuera del horario laboral o llevando trabajo a casa. **Aprender a decir no, definir un horario de desconexión y evitar revisar dispositivos electrónicos relacionados con el trabajo después de cierta hora son pasos esenciales para proteger la salud mental.**

La **respiración consciente** es una herramienta inmediata y poderosa para calmar el sistema nervioso en momentos de tensión. **Cuando el estrés aumenta, la respiración se vuelve superficial y acelerada, lo que amplifica la sensación de ansiedad.** Técnicas como la respiración 4-7-8 (inhalar en 4 segundos, sostener el aire 7 segundos y exhalar en 8 segundos) pueden ayudar a reducir la activación del sistema de alerta en solo unos minutos, permitiendo recuperar la claridad mental.

Las **pausas activas** también son clave para evitar el agotamiento. Trabajar durante horas sin descanso puede parecer productivo, pero en realidad disminuye la eficiencia y aumenta la fatiga. **Levantarse cada cierto tiempo, estirar el cuerpo, caminar unos minutos o simplemente apartar la vista de la pantalla ayuda a recargar la energía y a reducir la tensión acumulada.**

Otro aspecto esencial en la gestión del estrés laboral es el **manejo de los pensamientos negativos. La forma en que interpretamos las situaciones influye en nuestra respuesta emocional.** Si cada desafío se percibe como una amenaza, el cuerpo reaccionará con tensión y ansiedad. Practicar la reestructuración cognitiva, que consiste en identificar y cambiar patrones de pensamiento poco realistas, puede ayudar a afrontar las dificultades con una mentalidad más equilibrada.

Por último, el **apoyo social** es un factor clave para manejar el estrés. **Compartir preocupaciones con compañeros de confianza, pedir ayuda cuando sea necesario y rodearse de un ambiente laboral positivo**

reduce significativamente la carga emocional. La conexión con otros actúa como un amortiguador natural contra el estrés, proporcionando una perspectiva más objetiva y apoyo en momentos difíciles.

Reducir el estrés en el trabajo no significa cambiar de empleo o evitar las responsabilidades, sino desarrollar herramientas para gestionar la presión de manera más saludable. **Cuando se aplican estas técnicas de forma constante, la relación con el trabajo mejora, la mente se vuelve más resiliente y el bienestar general aumenta de manera significativa.**

CÓMO CREAR UN AMBIENTE LABORAL SALUDABLE

El entorno de trabajo influye directamente en el bienestar mental. Pasar largas horas en un espacio cargado de tensión, exigencias poco realistas o falta de comunicación puede aumentar los niveles de estrés hasta el punto de afectar la salud física y emocional. **Un ambiente laboral saludable no solo mejora la productividad, sino que también reduce la ansiedad y fortalece la motivación.** Crear este tipo de entorno requiere una combinación de estrategias individuales y colectivas que fomenten el equilibrio, el respeto y la eficiencia sin agotamiento.

Uno de los pilares fundamentales de un ambiente laboral saludable es la **comunicación efectiva**. La ansiedad en el trabajo muchas veces surge por expectativas poco claras, malentendidos o la falta de retroalimentación constructiva. **Cuando no hay una comunicación abierta, los trabajadores pueden sentirse desorientados, inseguros o poco valorados.** Para evitar esto, es clave que las instrucciones sean precisas, que exista un canal de diálogo fluido y que se fomente un clima en el que las personas puedan expresar dudas o preocupaciones sin temor a represalias.

Además de la comunicación, el **apoyo entre compañeros** es un factor determinante. Un ambiente competitivo donde cada persona trabaja de manera aislada puede generar desconfianza y aumentar la presión individual. **En cambio, cuando se fomenta la colaboración y el trabajo en equipo, el estrés se reduce y se fortalece el sentido de pertenencia.** Iniciativas como reuniones periódicas para compartir avances, espacios para el intercambio de ideas o incluso pequeños gestos como el reconocimiento del esfuerzo de un colega pueden marcar una gran diferencia en el ambiente laboral.

Otro aspecto clave es la **gestión del tiempo y las cargas de trabajo**. El agotamiento no solo proviene de la cantidad de tareas, sino también de la falta de organización y de pausas adecuadas. **Un ambiente**

laboral saludable prioriza la eficiencia sobre la cantidad de horas trabajadas. Aplicar estrategias como la planificación semanal, el establecimiento de prioridades y la delegación de responsabilidades evita que las jornadas se conviertan en una fuente constante de estrés.

El **entorno físico** también juega un papel importante en el bienestar mental. Trabajar en un espacio desordenado, con mala iluminación o ruido constante puede afectar la concentración y aumentar la sensación de fatiga. **Pequeños cambios como organizar el escritorio, mejorar la ventilación o incluir elementos naturales como plantas pueden transformar un ambiente laboral monótono en un espacio más agradable y armonioso.**

Otro punto crucial es el **respeto por los límites entre la vida laboral y personal.** La cultura de la disponibilidad permanente, donde se espera que las personas respondan mensajes o correos fuera del horario laboral, genera una sensación de agotamiento continuo. **Establecer tiempos claros de desconexión y respetar los momentos de descanso no solo mejora la salud mental, sino que también aumenta la eficiencia y la creatividad.**

Finalmente, la **cultura del reconocimiento** es un elemento esencial para construir un ambiente positivo. **Sentirse valorado y apreciado por el esfuerzo**

realizado refuerza la motivación y el compromiso. Un simple agradecimiento, una felicitación o una política de incentivos pueden generar un impacto significativo en la moral de un equipo.

Crear un ambiente laboral saludable no depende únicamente de la empresa o de los líderes, sino también de cada persona que forma parte del equipo. **Cuando el respeto, la comunicación y el equilibrio se convierten en pilares del entorno de trabajo, la ansiedad disminuye y el bienestar general se fortalece, permitiendo que cada individuo desarrolle su potencial sin sacrificar su salud mental.**

10

ANSIEDAD EN LAS RELACIONES

CÓMO LA ANSIEDAD AFECTA LAS RELACIONES

La ansiedad no solo impacta la mente y el cuerpo, sino que también influye profundamente en la forma en que nos relacionamos con los demás. **Cuando la ansiedad se instala en una relación, puede generar inseguridad, miedo al abandono, dificultades en la comunicación y una sensación constante de insatisfacción.** En muchos casos, las preocupaciones excesivas y la tendencia a anticipar escenarios negativos pueden provocar conflictos innecesarios o incluso llevar al aislamiento emocional.

Uno de los efectos más comunes de la ansiedad en las relaciones es la **hipervigilancia emocional**. La persona ansiosa suele analizar cada palabra, gesto o reacción de su pareja, amigos o familiares en busca de señales de rechazo o desaprobación. **Este estado de alerta constante puede hacer que se malinterpreten situaciones neutras como algo negativo, generando dudas y preocupación sin fundamento.** Un mensaje sin respuesta inmediata, un cambio en el tono de voz o un pequeño desacuerdo pueden percibirse como signos de que la relación está en peligro, cuando en realidad no hay ninguna amenaza real.

Otro impacto significativo de la ansiedad es la **necesidad de validación constante**. Cuando la inseguridad domina, la persona ansiosa puede buscar repetidamente pruebas de que es querida y valorada, lo que puede resultar agotador para la otra parte. **Este patrón de comportamiento puede llevar a una dinámica en la que el otro se siente presionado a tranquilizar continuamente a su pareja o amigo, creando una relación de dependencia emocional poco saludable.**

Por otro lado, la ansiedad también puede manifestarse en forma de **miedo al abandono o al rechazo**, lo que lleva a comportamientos de evitación o autosabotaje. Algunas personas, por temor a ser lastimadas, pueden alejarse emocionalmente o incluso terminar una relación antes de que el otro tenga la oportunidad de hacerlo. **Esta estrategia de autoprotección, aunque parece una solución momentánea, en realidad refuerza el ciclo de ansiedad y dificulta la construcción de vínculos sólidos.**

El perfeccionismo también juega un papel importante en la ansiedad dentro de las relaciones. **Las personas con ansiedad tienden a establecer estándares muy altos tanto para sí mismas como para los demás, lo que puede generar frustración y tensión constante.** Pueden sentirse insatisfechas si la relación no es "perfecta" o si la otra persona no cumple con sus expectativas, lo que lleva a discusiones recurrentes o a una sensación de decepción permanente.

Además, la ansiedad puede dificultar la comunicación efectiva. **El miedo a confrontaciones, el temor a ser juzgado o la tendencia a sobrepensar cada conversación pueden hacer que la persona ansiosa evite expresar sus necesidades o preocupaciones.** Como resultado, se acumulan emociones no resueltas que, con el tiempo, pueden explotar en discusiones o generar resentimiento.

En algunos casos, la ansiedad también puede traducirse en una necesidad excesiva de control sobre la relación. **El deseo de evitar la incertidumbre puede llevar a intentar predecir y manejar cada aspecto del vínculo, lo que puede generar tensiones y afectar la autonomía de la otra persona.** Este comportamiento suele ser una respuesta al miedo a lo desconocido, pero en lugar de aportar seguridad, crea una sensación de asfixia y puede debilitar la conexión entre ambos.

Reconocer estos patrones es el primer paso para gestionar la ansiedad en las relaciones. **Comprender que la ansiedad distorsiona la percepción de la realidad y genera temores infundados permite empezar a cuestionar estos pensamientos y desarrollar una comunicación más abierta y honesta.** Al trabajar en la regulación emocional y en la construcción de una autoestima más sólida, es posible fortalecer los vínculos y disfrutar de relaciones más equilibradas y satisfactorias.

TÉCNICAS PARA MEJORAR LA COMUNICACIÓN

La comunicación es la base de cualquier relación sana, pero cuando la ansiedad interfiere, puede distorsionar los mensajes, generar malentendidos y crear una barrera entre las personas. **Las preocupaciones excesivas, el miedo al rechazo y la tendencia a sobreanalizar las conversaciones pueden dificultar la expresión honesta de pensamientos y emociones.** Sin embargo, con las estrategias adecuadas, es posible mejorar la comunicación y construir relaciones más equilibradas y satisfactorias.

Uno de los primeros pasos para mejorar la comunicación es practicar la **escucha activa**. Muchas veces, la ansiedad hace que la mente se adelante, interpretando lo que la otra persona dirá o reaccionando con pensamientos automáticos de preocupación. **En lugar de escuchar con atención, se puede estar más enfocado en preparar una respuesta o en interpretar señales ocultas que pueden no existir.** Para evitar esto, es importante entrenarse en la presencia plena: enfocarse en las palabras de la otra persona, observar su lenguaje corporal y evitar interrumpir.

Otra técnica clave es la **expresión asertiva**, que consiste en comunicar pensamientos y emociones de manera clara y respetuosa, sin agresividad ni pasividad. **Las personas con ansiedad pueden tender a evitar ciertos temas por miedo a generar conflicto o, por el contrario, reaccionar de manera impulsiva cuando se sienten inseguras.** Aprender a expresar lo que se necesita sin sentirse culpable o temer el juicio del otro es fundamental para establecer una comunicación efectiva.

El uso de frases en primera persona ayuda a reducir la sensación de ataque en una conversación. **En lugar de decir "tú nunca me escuchas", que puede sonar acusatorio, se puede reformular con "me siento ignorado cuando no tengo tu atención".** Este pequeño cambio hace que el otro se muestre más receptivo, en lugar de ponerse a la defensiva.

Otra estrategia útil es el **manejo de los silencios y los tiempos en la conversación. Cuando la ansiedad es alta, se puede sentir la necesidad de llenar cualquier pausa con explicaciones innecesarias o justificaciones excesivas.** Sin embargo, aprender a tolerar los silencios permite dar espacio a la otra persona para procesar lo que se ha dicho y responder de manera más auténtica.

También es importante evitar la **sobregeneralización y la dramatización**, que son distorsiones cognitivas comunes en personas con ansiedad. **Decir "siempre haces esto" o "nunca te importa lo que digo" refuerza una narrativa negativa que puede no ser cierta y genera más distancia en la conversación.** Ser preciso y centrarse en situaciones concretas ayuda a que el diálogo sea más productivo y menos emocionalmente cargado.

Por último, la **validación emocional** es una herramienta poderosa para mejorar la comunicación en cualquier relación. **Validar no significa estar de acuerdo con todo lo que el otro dice, sino demostrar que se reconoce su perspectiva y sus emociones.** Frases como "entiendo que esto te preocupa" o "veo que esto es importante para ti" pueden hacer que la otra persona se sienta escuchada y comprendida, lo que fortalece la conexión y disminuye la tensión.

Mejorar la comunicación requiere práctica y paciencia, pero con estas técnicas es posible transformar las interacciones y reducir el impacto de la ansiedad en las relaciones. **Cuando se aprende a escuchar sin anticiparse, a hablar sin miedo y a validar las emociones del otro, la conexión se vuelve más auténtica y profunda.**

CÓMO APOYAR A UN SER QUERIDO CON ANSIEDAD

Cuando una persona cercana sufre de ansiedad, es común sentir frustración, preocupación o incluso impotencia al no saber cómo ayudarla. **La ansiedad no es solo una sensación pasajera de estrés, sino una condición que puede afectar profundamente la manera en que alguien piensa, siente y se relaciona con los demás.** Acompañar a un ser querido en este proceso requiere comprensión, paciencia y estrategias concretas que faciliten el apoyo sin caer en la sobreprotección o en la invalidación de sus emociones.

Uno de los errores más frecuentes al tratar de ayudar a alguien con ansiedad es **minimizar lo que siente**. Frases como *"no te preocupes tanto"*, *"todo está en tu cabeza"* o *"deberías relajarte"* pueden generar el efecto contrario al deseado, haciendo que la persona se sienta incomprendida y aislada. **En lugar de restarle importancia a sus emociones, es más útil validar su experiencia con frases como "sé que esto es difícil para ti" o "estoy aquí para escucharte si lo necesitas".**

Otro aspecto fundamental es **evitar dar soluciones inmediatas o tratar de "arreglar" el problema**. La ansiedad no siempre tiene una causa específica o una solución lógica, y muchas veces la persona que la experimenta solo necesita sentirse escuchada sin recibir consejos no solicitados. **En lugar de intentar resolver la situación, es más beneficioso ofrecer presencia y apoyo emocional.** Preguntas como *"¿Cómo puedo ayudarte en este momento?"* o *"¿Qué necesitas de mí?"* pueden ser más efectivas que sugerir acciones sin comprender realmente lo que la persona está sintiendo.

La paciencia juega un papel clave en este proceso. **Es posible que alguien con ansiedad tenga días buenos y otros en los que se sienta completamente abrumado, sin una razón aparente.** En estos momentos, es importante recordar que no se trata de una falta de esfuerzo o de voluntad, sino de un estado emocional que requiere tiempo y herramientas adecuadas para gestionarse. **Evitar la frustración y demostrar empatía sin presionar a la persona para que "se cure" rápidamente es una de las mejores formas de apoyo.**

Otra estrategia útil es ayudar a la persona a regular sus emociones sin reforzar su ansiedad. **Por ejemplo, si un ser querido evita ciertas situaciones debido a su ansiedad, es comprensible querer protegerlo y permitirle escapar de aquello que le genera miedo.** Sin embargo, **la evitación solo refuerza el ciclo de ansiedad, haciendo que cada vez sea más difícil enfrentar el problema.** En su lugar, se puede animar gradualmente a la persona a exponerse a pequeños desafíos, siempre desde el respeto y el apoyo, sin forzar ni invalidar sus emociones.

Es importante también **cuidar el propio bienestar emocional** al apoyar a alguien con ansiedad. **Ser un pilar para otra persona no significa absorber su carga emocional ni descuidar las propias necesidades.** Mantener límites saludables, tomarse momentos de descanso y buscar apoyo externo si es necesario son aspectos esenciales para no sentirse sobrecargado. **Ayudar a alguien no significa resolver su problema, sino estar presente de manera equilibrada y consciente.**

Por último, educarse sobre la ansiedad puede marcar una gran diferencia. **Comprender cómo funciona la ansiedad a nivel biológico y emocional permite empatizar mejor y evitar errores comunes en la comunicación.** Leer sobre el tema, asistir a terapia de pareja o familiar si es necesario y aprender sobre herramientas como la respiración consciente o la meditación puede ayudar no solo a la persona que la padece, sino también a quienes la rodean.

Brindar apoyo a un ser querido con ansiedad no significa tener todas las respuestas, sino estar presente con comprensión, paciencia y respeto. **Con el enfoque adecuado, es posible fortalecer la relación y ayudar a la persona a sentirse menos sola en su proceso de sanación.**

11

SUPERAR LA DEPRESIÓN

ENTENDER LA DEPRESIÓN

La depresión es mucho más que sentirse triste o desmotivado por un tiempo. **Es un trastorno del estado de ánimo que afecta la manera en que una persona piensa, siente y actúa, generando un impacto significativo en su calidad de vida.** A diferencia de la tristeza pasajera, la depresión no desaparece simplemente con el tiempo o con pensamientos positivos, sino que requiere un enfoque estructurado para su manejo y recuperación.

Uno de los errores más comunes al hablar de la depresión es confundirla con la tristeza. **Mientras que la tristeza es una emoción natural y temporal, la depresión es un estado persistente de desánimo,**

apatía y agotamiento emocional. Las personas con depresión pueden experimentar una sensación de vacío profundo, como si nada tuviera sentido, incluso cuando objetivamente todo en su vida parece estar bien.

Los síntomas pueden variar de una persona a otra, pero algunos de los más comunes incluyen:

- **Falta de energía y agotamiento constante**, incluso después de dormir muchas horas.
- **Pérdida de interés o placer** en actividades que antes resultaban gratificantes.
- **Dificultades para concentrarse** o tomar decisiones, debido a una sensación de niebla mental.
- **Alteraciones en el sueño**, como insomnio o exceso de sueño.
- **Cambios en el apetito**, que pueden llevar a pérdida o aumento de peso sin causa aparente.
- **Pensamientos negativos recurrentes**, en especial sentimientos de culpa, inutilidad o desesperanza.
- **Aislamiento social**, evitando el contacto con amigos y familiares.

Desde el punto de vista biológico, la depresión está relacionada con desequilibrios en neurotransmisores clave como la **serotonina, la dopamina y la norepinefrina**, que regulan el estado de ánimo, la motivación y la energía. **Este desbalance químico hace que la persona no pueda simplemente "salir" de la depresión con fuerza de voluntad, ya que su cerebro está funcionando de manera distinta.**

Otro factor importante es el impacto de la depresión en el cuerpo. **El sistema nervioso se encuentra en un estado de sobrecarga o agotamiento, lo que puede provocar dolores físicos, debilidad muscular y una mayor susceptibilidad a enfermedades.** Además, el exceso de cortisol —la hormona del estrés— en el cuerpo puede agravar la sensación de fatiga y desesperanza.

Es fundamental reconocer que la depresión no siempre tiene una causa específica. **Si bien puede desencadenarse por eventos difíciles como la pérdida de un ser querido, problemas financieros o conflictos personales, también puede aparecer sin una razón aparente.** Esto no significa que la persona sea débil o que deba sentirse culpable por su estado; la depresión es una condición médica real que requiere atención y estrategias adecuadas para su manejo.

Entender la depresión es el primer paso para superarla. **Saber que no es un reflejo de la personalidad, sino un estado mental y fisiológico que puede tratarse, ayuda a reducir el estigma y a dar los primeros pasos hacia la recuperación.** Con el enfoque adecuado, es posible recuperar el equilibrio y reconstruir la conexión con la vida.

TÉCNICAS PARA SALIR DE LA DEPRESIÓN

Salir de la depresión no es cuestión de fuerza de voluntad ni de "ponerle ganas". **Es un proceso que requiere estrategias concretas para restablecer el equilibrio químico del cerebro, recuperar la motivación y reconstruir el vínculo con la vida.** Cada persona experimenta la depresión de manera diferente, por lo que no existe una única solución; sin embargo, aplicar ciertas técnicas de manera constante puede marcar una diferencia significativa en la recuperación.

Uno de los enfoques más efectivos es la **terapia cognitivo-conductual (TCC)**, una técnica psicológica basada en la identificación y modificación de pensamientos negativos automáticos. **La depresión distorsiona la percepción de la realidad, haciendo que la persona vea su vida desde un prisma de desesperanza, inutilidad y culpa.** A través de la TCC, se aprende a cuestionar estos pensamientos y a reemplazarlos por interpretaciones más equilibradas y realistas. En lugar de pensar *"Nada de lo que hago tiene sentido"*, se trabaja en reformular la idea a *"Estoy pasando por un momento difícil, pero eso no define mi futuro"*.

Otro aspecto clave en la recuperación es la **activación conductual**, una técnica basada en la acción antes que en la motivación. **Cuando se está deprimido, es común esperar a "sentirse mejor" para empezar a hacer cosas, pero este enfoque rara vez funciona.** En cambio, la activación conductual sugiere empezar por pequeñas acciones, incluso cuando no haya ganas de hacerlas. **Algo tan simple como salir a caminar cinco minutos o preparar una comida nutritiva puede generar una pequeña chispa de energía que, con el tiempo, se traduce en mayor estabilidad emocional.**

El ejercicio físico es una de las herramientas más poderosas para combatir la depresión. **Mover el cuerpo activa la producción de endorfinas, serotonina y dopamina, neurotransmisores que regulan el estado de ánimo y proporcionan sensación de bienestar.** No es necesario realizar entrenamientos intensos; incluso una caminata de 20 minutos al día puede ayudar a reducir los síntomas depresivos. La clave es la constancia, ya que los efectos del ejercicio se acumulan con el tiempo.

Otra técnica fundamental es la **regulación del sueño**. La depresión altera el ritmo circadiano, provocando insomnio o, en el extremo opuesto, sueño excesivo. **Para mejorar la calidad del descanso, es importante establecer horarios regulares, evitar pantallas antes de dormir y crear una rutina nocturna relajante.** Un sueño reparador permite al cerebro procesar mejor las emociones y reducir la sensación de fatiga mental.

El contacto social, aunque pueda parecer difícil, es esencial para salir de la depresión. **El aislamiento refuerza la sensación de vacío y desesperanza, por lo que es fundamental mantener lazos con familiares y amigos, incluso cuando no haya ganas de hacerlo.** No se trata de participar en grandes reuniones, sino de conectar de manera gradual con personas de confianza. A veces, una simple conversación puede aliviar la sensación de soledad y recordarnos que no estamos solos en este proceso.

La alimentación también juega un papel importante en la recuperación. **El cerebro necesita ciertos nutrientes para funcionar correctamente, y una dieta deficiente puede agravar los síntomas de la depresión.** Incorporar alimentos ricos en omega-3, magnesio, triptófano y antioxidantes ayuda a mejorar la regulación emocional. Evitar el exceso de azúcar y alimentos ultraprocesados puede reducir la inflamación en el cerebro, un factor que se ha relacionado con la depresión.

Por último, el autocuidado es una parte esencial del proceso. **Cuidar el cuerpo, establecer límites saludables y darse permiso para descansar son pasos necesarios en la recuperación.** La depresión puede hacernos sentir indignos de atención y bienestar, pero aprender a tratarse con compasión y paciencia es clave para salir adelante.

Recuperarse de la depresión no ocurre de la noche a la mañana, pero cada acción, por pequeña que parezca, suma en el camino hacia el bienestar. **La clave está en la constancia, en aceptar que habrá días difíciles, pero también en recordar que la depresión no define a la persona y que es posible volver a encontrar la luz incluso en los momentos más oscuros.**

CÓMO MANTENER EL PROGRESO

Superar la depresión es un proceso que requiere esfuerzo y constancia, pero una vez que se empieza a notar una mejoría, surge una nueva preocupación: **cómo mantener ese progreso a largo plazo y evitar recaídas.** La depresión no desaparece de un día para otro, y aunque los síntomas disminuyan, es fundamental adoptar estrategias que refuercen la estabilidad emocional y prevengan retrocesos.

Uno de los aspectos más importantes es la **consistencia en los hábitos saludables**. Durante el proceso de recuperación, es probable que ciertos cambios hayan ayudado a mejorar el estado de ánimo, como el ejercicio, la alimentación equilibrada o una mejor rutina de sueño. **Mantener estos hábitos incluso cuando ya se siente mejor es clave para evitar recaídas.** Muchas veces, cuando los síntomas disminuyen, se tiende a abandonar las prácticas que ayudaron en la recuperación, lo que puede debilitar el equilibrio emocional.

Otro punto esencial es la **autoconciencia emocional**. La depresión suele regresar de manera gradual, con pequeños cambios en el estado de ánimo que pueden pasar desapercibidos. **Aprender a identificar señales tempranas, como pérdida de interés en actividades, fatiga constante o pensamientos negativos recurrentes, permite actuar antes de que la situación empeore.** Llevar un diario emocional o realizar check-ins semanales consigo mismo puede ayudar a reconocer estos cambios y tomar medidas a tiempo.

El **apoyo social** sigue siendo una herramienta clave incluso después de la recuperación. **Las conexiones con amigos, familiares o grupos de apoyo brindan estabilidad emocional y un espacio para compartir preocupaciones sin sentir aislamiento.** No se trata de depender de los demás, sino de construir relaciones que aporten bienestar y seguridad emocional.

Además, es importante **evitar el perfeccionismo y la autoexigencia extrema. Muchas personas que han superado la depresión sienten la presión de estar siempre bien y temen decepcionarse si vuelven a sentirse mal.** Sin embargo, el bienestar emocional no significa estar feliz todo el tiempo, sino aprender a gestionar los momentos difíciles sin que estos definan la vida. **Aceptar que habrá días complicados sin entrar en pánico ayuda a afrontar los altibajos con mayor resiliencia.**

La **práctica del autocuidado** debe seguir siendo una prioridad. Esto no significa solo descanso o entretenimiento, sino también establecer límites saludables, aprender a decir no cuando es necesario y dedicar tiempo a actividades que generen satisfacción personal. **El autocuidado no es un lujo, sino una inversión en la estabilidad emocional.**

Si en algún momento los síntomas comienzan a reaparecer de manera persistente, **buscar ayuda profesional a tiempo puede marcar la diferencia entre una recaída severa y un pequeño ajuste en la estrategia de bienestar.** La terapia no solo es útil para salir de la depresión, sino también para prevenir que vuelva a instalarse en la vida cotidiana.

Mantener el progreso después de la depresión no significa evitar todas las dificultades, sino aprender a afrontarlas con herramientas más sólidas. **Cada acción tomada en favor del bienestar es un recordatorio de que, aunque la depresión haya formado parte de la vida, no define quién eres ni quién serás.**

12

HISTORIAS DE SUPERACIÓN

TESTIMONIOS REALES

La ansiedad y la depresión pueden hacer que una persona se sienta atrapada en un ciclo sin salida, pero muchas personas han logrado recuperar el equilibrio y reconstruir su bienestar. **Escuchar historias reales de quienes han superado estas dificultades no solo inspira, sino que también demuestra que la recuperación es posible.** Cada testimonio refleja un camino único, con desafíos y aprendizajes, pero todos tienen un punto en común: la decisión de no rendirse.

María, una joven de 28 años, pasó gran parte de su vida sintiéndose abrumada por la ansiedad social. **Cada interacción era un desafío, desde pedir un**

café hasta participar en reuniones laborales. Su mente anticipaba constantemente lo peor: que los demás la juzgarían, que diría algo incorrecto, que haría el ridículo. **Evitaba eventos, rechazaba oportunidades y se refugiaba en la soledad.** Después de años sintiéndose así, decidió buscar ayuda profesional. **A través de la terapia cognitivo-conductual, aprendió a desafiar sus pensamientos negativos y a exponerse gradualmente a situaciones que le generaban miedo.** Hoy, aunque la ansiedad no ha desaparecido por completo, ya no la controla. **Ha aprendido a convivir con ella sin que limite su vida.**

Carlos, de 45 años, sufrió un episodio de depresión tras perder su empleo. **Durante meses, sintió que no tenía propósito, que su valor como persona estaba ligado a su trabajo.** Se aisló de su familia y pasó días enteros sin salir de la cama. **La sensación de vacío era tan profunda que llegó a creer que nunca volvería a sentirse bien.** Sin embargo, un pequeño cambio lo llevó a recuperar el control: **decidió salir a caminar cada mañana, aunque no tuviera ganas.** Esa rutina mínima le ayudó a generar impulso, y poco a poco comenzó a retomar actividades que antes disfrutaba. **La terapia y el apoyo de su familia fueron fundamentales para entender que su identidad no dependía de su trabajo, y que su vida tenía valor más allá de su carrera.** Hoy, trabaja en un proyecto propio y ha descubierto nuevas pasiones que le dan sentido a su día a día.

Ana, una madre de 38 años, sufrió ataques de pánico tras una etapa de estrés extremo. **El miedo a sufrir un infarto o perder el control la llevó a evitar salir de casa.** Cada vez que sentía su corazón acelerado, su mente le decía que algo terrible estaba por suceder. **Fue solo cuando aprendió sobre la conexión entre respiración y ansiedad que logró recuperar la calma.** Practicando técnicas de respiración diafragmática y mindfulness, entendió que su cuerpo no estaba en peligro y que podía manejar sus síntomas sin entrar en pánico. **Con el tiempo, volvió a recuperar su independencia y hoy ayuda a otras personas a superar sus miedos a través de su experiencia.**

Cada historia es una prueba de que, aunque la ansiedad y la depresión pueden parecer abrumadoras, hay herramientas para salir adelante. **La clave está en dar el primer paso, buscar ayuda y confiar en que el cambio es posible.** No se trata de eliminar por completo las dificultades, sino de aprender a manejarlas con nuevas estrategias y una mentalidad más resiliente.

LECCIONES APRENDIDAS

Cada historia de superación es un recordatorio de que, aunque la ansiedad y la depresión pueden parecer insuperables, siempre hay un camino hacia la recuperación. **Detrás de cada testimonio hay aprendizajes profundos que pueden servir como guía para quienes están en el proceso de sanar.** Entender qué estrategias han funcionado para otras personas puede proporcionar inspiración y, sobre todo, herramientas prácticas para afrontar los desafíos emocionales con mayor confianza.

Una de las primeras lecciones que se repiten en muchas historias de superación es que **el cambio empieza con un pequeño paso**. Muchas personas que han salido de la ansiedad o la depresión coinciden en que esperar a sentirse motivados para actuar fue un error. **El progreso no llega de repente; se construye con pequeñas acciones, incluso cuando no hay ganas de hacer nada.** Algo tan simple como levantarse de la cama a una hora fija, salir a caminar unos minutos o preparar una comida nutritiva puede marcar la diferencia y generar un efecto acumulativo positivo.

Otra enseñanza clave es que **los pensamientos no siempre reflejan la realidad**. La ansiedad y la depresión distorsionan la percepción, haciendo que el futuro parezca amenazante o que los logros personales se sientan insuficientes. **Quienes han logrado salir de este estado aprendieron a cuestionar sus pensamientos y a no dar por hecho que lo que su mente les decía era verdad.** Técnicas como la terapia cognitivo-conductual han sido fundamentales para desafiar estas creencias y reemplazarlas por una visión más equilibrada.

También se repite una lección esencial: **pedir ayuda no es una señal de debilidad, sino de valentía**. Muchas personas retrasan su recuperación porque creen que deberían poder manejar su malestar solos. Sin embargo, la mayoría de quienes han logrado superar la ansiedad o la depresión destacan el impacto positivo que tuvo hablar con un terapeuta, confiar en un amigo o apoyarse en su círculo cercano. **La conexión con otros rompe el aislamiento y ofrece nuevas perspectivas que pueden ser clave en el proceso de sanación.**

Otro aprendizaje fundamental es que **el autocuidado no es un lujo, sino una necesidad**. En muchos casos, la ansiedad y la depresión se agravan porque la persona ha pasado años descuidando sus propias necesidades, priorizando el trabajo, las obligaciones o las expectativas de los demás. **Aprender a establecer límites, descansar sin culpa y hacer espacio para actividades placenteras es una parte esencial de la recuperación.**

Por último, una de las mayores enseñanzas es que **la recuperación no es un camino lineal**. Habrá días buenos y días difíciles, momentos de avance y retrocesos inesperados. **Las personas que han superado la ansiedad y la depresión han aprendido a**

no rendirse cuando aparecen obstáculos, sino a ver cada recaída como una oportunidad de aprendizaje y ajuste en su proceso.

Cada lección aprendida en el camino de la recuperación es un mensaje de esperanza: **es posible vivir sin el peso constante de la ansiedad y la depresión, pero el cambio requiere paciencia, compromiso y confianza en que, paso a paso, se puede construir una vida más plena y equilibrada.**

CÓMO CREAR TU PROPIA HISTORIA DE ÉXITO

Superar la ansiedad y la depresión no es un proceso inmediato, pero sí es posible. **Cada persona que ha logrado recuperar su bienestar comenzó desde un punto de incertidumbre, sintiendo que no había salida, hasta que poco a poco empezó a construir su propia historia de éxito.** No se trata de esperar una transformación repentina, sino de tomar decisiones pequeñas y consistentes que, con el tiempo, generen un cambio profundo. **Si hoy sientes que no hay esperanza, recuerda que cada gran cambio empieza con el primer paso.**

El primer elemento clave en la creación de una historia de éxito es **tener un propósito claro. Salir de la ansiedad o la depresión no significa simplemente dejar de sentir malestar, sino encontrar razones para seguir adelante.** Preguntarse qué cosas generan bienestar, qué actividades han traído alegría en el pasado o qué metas se han dejado de lado por el miedo o el agotamiento puede ayudar a definir un rumbo. No es necesario tener todas las respuestas de inmediato, pero **empezar a visualizar una vida más equilibrada y satisfactoria puede ser el primer paso para alcanzarla.**

Otro aspecto esencial es **reconocer que el progreso no es lineal. Habrá días de avance y otros en los que parecerá que todo vuelve atrás.** Esto no significa que el esfuerzo sea en vano, sino que la recuperación es un proceso de aprendizaje continuo. **Cada desafío superado, por pequeño que sea, es una prueba de que el cambio es posible.**

Para construir una historia de éxito, también es fundamental **crear hábitos que refuercen el bienestar.** No se trata de hacer cambios drásticos de un día para otro, sino de incorporar acciones que sumen, como una alimentación más equilibrada, un mejor descanso, ejercicios de respiración o actividades que fomenten la conexión social. **Cada hábito saludable es un ladrillo en la construcción de una nueva versión de uno mismo.**

La **mentalidad también juega un papel crucial. Aprender a cuestionar pensamientos negativos, desarrollar resiliencia y practicar la autocompasión son herramientas fundamentales en el proceso de**

transformación. La ansiedad y la depresión pueden hacer que la mente se llene de creencias limitantes, pero poco a poco es posible entrenarla para enfocarse en posibilidades en lugar de obstáculos.

El apoyo es otro factor clave. **Nadie supera la ansiedad o la depresión completamente solo.** Buscar ayuda profesional, rodearse de personas que transmitan energía positiva y compartir el proceso con alguien de confianza puede hacer que el camino sea más llevadero. **Una historia de éxito no se construye en aislamiento, sino con el acompañamiento adecuado.**

Por último, una de las partes más importantes en la construcción de una nueva vida es **celebrar cada avance, por mínimo que parezca. Reconocer el progreso ayuda a reforzar la motivación y a demostrar que cada esfuerzo vale la pena.** Desde levantarse temprano después de semanas de apatía hasta dar el paso de enfrentar un miedo, todo cuenta.

Crear una historia de éxito no significa vivir sin dificultades, sino aprender a manejarlas con nuevas herramientas y una mentalidad fortalecida. **Cada paso que des hoy es parte de la historia que contarás mañana. Y si hoy sientes que no puedes más, recuerda que el futuro aún está por escribirse.**

13

MANTENER LOS RESULTADOS A LARGO PLAZO

CÓMO EVITAR RECAÍDAS

Recuperarse de la ansiedad y la depresión es un proceso que requiere esfuerzo, paciencia y compromiso. Sin embargo, una vez que se experimenta una mejoría, surge una nueva preocupación: **¿cómo evitar volver atrás?** Muchas personas sienten miedo de recaer, de que el progreso logrado se desvanezca y de volver a quedar atrapadas en los mismos patrones de pensamiento y emoción. **Aunque las recaídas pueden ocurrir, no significan un fracaso, sino una oportunidad para reforzar el aprendizaje y consolidar estrategias que fortalezcan el bienestar a largo plazo.**

Uno de los factores clave para prevenir recaídas es **reconocer las señales tempranas.** La ansiedad y la depresión rara vez aparecen de golpe; suelen manifestarse a través de pequeños cambios en el estado de ánimo, el comportamiento y los hábitos diarios. **Algunas señales de alerta incluyen dificultad para concentrarse, pérdida de interés en actividades que antes generaban placer, alteraciones en el sueño o el regreso de pensamientos negativos persistentes.** Identificar estos signos en una etapa temprana permite tomar medidas antes de que el malestar se intensifique.

Otro aspecto fundamental es **mantener los hábitos que ayudaron en la recuperación.** Durante el proceso de sanación, es común incorporar prácticas como la actividad física, la meditación, la escritura terapéutica o la regulación del sueño. **Sin embargo, una vez que la persona se siente mejor, puede surgir la tentación de abandonar estas rutinas, lo que aumenta el riesgo de recaída.** Es importante recordar que estos hábitos no fueron solo un medio para salir de la ansiedad o la depresión, sino herramientas esenciales para mantener el bienestar a largo plazo.

La **gestión del estrés** también juega un papel crucial. **El estrés no se puede eliminar por completo, pero sí se puede aprender a manejar de manera efectiva para evitar que desencadene síntomas de ansiedad o depresión.** Técnicas como la respiración consciente, la planificación del tiempo y la gestión de prioridades ayudan a reducir la carga mental y a mantener el equilibrio emocional incluso en momentos de alta demanda.

Además, es fundamental **mantener la conexión con otras personas.** La soledad y el aislamiento pueden ser factores que contribuyan a una recaída, por lo que es importante seguir cultivando relaciones saludables. **Esto no significa rodearse constantemente de gente, sino asegurarse de contar con un círculo de apoyo en el que se pueda confiar en momentos de vulnerabilidad.**

Otra estrategia clave es **cambiar la mentalidad sobre las recaídas.** Muchas personas que han logrado avances en su recuperación temen volver a experimentar ansiedad o tristeza intensa. **Sin embargo, en lugar de ver estos momentos como una señal de fracaso, es más útil considerarlos como una oportunidad para revisar qué aspectos necesitan más atención.** Si aparecen síntomas, en lugar de entrar en pánico, se puede reflexionar sobre qué ha cambiado en la rutina, qué pensamientos se están volviendo recurrentes o qué aspectos emocionales necesitan ser atendidos.

Por último, es importante recordar que **buscar ayuda sigue siendo una opción, incluso cuando ya se ha avanzado mucho en el proceso de recuperación.** Volver a terapia, retomar estrategias aprendidas o compartir las preocupaciones con alguien de confianza no significa que se haya perdido todo el progreso, sino que se está tomando una acción proactiva para mantener el bienestar.

Evitar recaídas no significa vivir sin dificultades, sino desarrollar la capacidad de responder a los desafíos con herramientas más sólidas. **Cada paso que se dé en favor del equilibrio emocional es una inversión en una vida más estable, resiliente y satisfactoria.**

LA IMPORTANCIA DEL AUTOCUIDADO CONTINUO

Superar la ansiedad y la depresión no significa simplemente “sentirse mejor” por un tiempo. **El verdadero bienestar se construye día a día con acciones concretas que refuercen la estabilidad emocional.** El autocuidado no es un lujo ni una recompensa después de haber pasado por momentos difíciles, sino un pilar fundamental para evitar recaídas y fortalecer la resiliencia. **La clave para mantener los resultados a largo plazo es integrar prácticas de autocuidado de forma constante, sin esperar a sentirse mal para retomarlas.**

Uno de los errores más comunes después de una recuperación es **descuidar los hábitos que ayudaron a salir del malestar. Cuando la ansiedad o la depresión desaparecen, puede parecer que ya no es necesario**

hacer ejercicio, meditar o mantener una rutina de sueño estable. Sin embargo, estos hábitos no solo fueron herramientas de sanación, sino que siguen siendo esenciales para sostener el equilibrio mental. **El autocuidado continuo es la diferencia entre una recuperación temporal y un bienestar duradero.**

El **descanso adecuado** es uno de los pilares más importantes del autocuidado. **El sueño regula el sistema nervioso, mejora la claridad mental y previene el agotamiento emocional.** Mantener una rutina de sueño estable, evitar el uso excesivo de pantallas antes de dormir y crear un ambiente relajante en la habitación son acciones simples pero efectivas para garantizar un descanso de calidad. **Un cuerpo descansado responde mejor al estrés y tiene más energía para enfrentar los desafíos diarios.**

Otro aspecto clave es **la alimentación como fuente de bienestar emocional. El cerebro necesita nutrientes específicos para mantener un estado de ánimo estable.** Los alimentos ricos en omega-3, magnesio, antioxidantes y triptófano favorecen la producción de serotonina y dopamina, neurotransmisores fundamentales para la regulación emocional. **Evitar el exceso de azúcar, cafeína y alimentos ultraprocesados ayuda a prevenir fluctuaciones en los niveles de energía y en el estado de ánimo.**

El **movimiento físico** es otra herramienta poderosa de autocuidado continuo. **El ejercicio no solo mejora la condición física, sino que también libera endorfinas, reduce el cortisol y mejora la conexión entre cuerpo y mente.** No es necesario entrenar de manera intensa; una caminata diaria, practicar yoga o hacer estiramientos pueden ser suficientes para mantener una sensación de equilibrio y vitalidad.

El **autocuidado emocional** es igualmente importante. **Aprender a identificar y gestionar las emociones evita que se acumulen hasta convertirse en una carga abrumadora.** Expresar lo que se siente, escribir en un diario, practicar mindfulness o hablar con alguien de confianza son formas efectivas de liberar tensiones y mantener una mente más tranquila. **Cuando las emociones se procesan en el momento, se evita que se conviertan en bloqueos emocionales difíciles de gestionar.**

Otro punto fundamental es **proteger la energía mental. El entorno y las relaciones influyen directamente en el bienestar.** Establecer límites con personas tóxicas, reducir la exposición a noticias negativas y evitar la sobrecarga de información en redes sociales son formas de cuidar la salud mental. **La calidad de los pensamientos y de las interacciones diarias tiene un impacto directo en la estabilidad emocional.**

Finalmente, el **autocuidado debe incluir momentos de placer y disfrute. No todo tiene que estar orientado a la productividad o al crecimiento personal.** Leer un libro, escuchar música, cocinar, practicar un hobby o simplemente descansar sin culpa son formas de recargar la energía emocional. **El equilibrio se encuentra en la combinación de responsabilidad y disfrute, sin caer en la autoexigencia extrema.**

El autocuidado no es algo que se hace solo cuando se tiene tiempo libre, sino una prioridad que debe estar presente en la rutina diaria. **Cuidarse de manera constante es la mejor inversión para una vida emocionalmente estable y plena.**

CELEBRANDO EL PROGRESO

Uno de los aspectos más importantes para mantener el bienestar emocional a largo plazo es aprender a **reconocer y celebrar los logros alcanzados.** La ansiedad y la depresión pueden hacer que la mente se enfoque en lo que falta por hacer, en los errores del pasado o en los desafíos del futuro, dejando poco espacio para valorar los avances obtenidos. **Sin embargo, celebrar el progreso no es un acto superficial, sino una herramienta poderosa para reforzar la confianza, la motivación y el equilibrio emocional.**

Muchas personas que han superado periodos de ansiedad o depresión tienen dificultades para reconocer su propio crecimiento. **Se comparan con una versión ideal de sí mismos o con otras personas, restando valor a cada paso que han dado.** Pero cada avance, por pequeño que parezca, es una prueba de resiliencia y esfuerzo. **El hecho de haber salido de la cama en un día difícil, haber gestionado un pensamiento negativo sin entrar en pánico o haber retomado una actividad que se había dejado de lado son logros que merecen ser reconocidos.**

Celebrar el progreso no significa esperar a alcanzar una meta final para sentirse bien. **No hay un "punto de llegada" en el bienestar emocional, porque el crecimiento es un proceso continuo.** En lugar de pensar *"Solo estaré satisfecho cuando ya no tenga ansiedad nunca más"*, es más útil adoptar una mentalidad de gratitud hacia cada paso avanzado: *"Hoy logré gestionar mi ansiedad mejor que ayer"*, *"Esta semana dormí mejor que antes"*, *"Me permití disfrutar de algo sin culpa"*.

Una forma efectiva de valorar el propio progreso es **llevar un registro de los avances. Escribir en un diario los pequeños logros, llevar una lista de momentos de gratitud o incluso marcar en un calendario los días en los que se han mantenido hábitos saludables ayuda a visualizar el crecimiento de manera concreta.** Con el tiempo, esto refuerza la sensación de éxito y permite ver cómo cada acción suma en el proceso de recuperación.

Otra estrategia útil es **establecer recompensas significativas. Después de completar un objetivo, como asistir a una terapia durante varias semanas, mantener una rutina de ejercicio o enfrentar un miedo, es importante reconocer ese esfuerzo con algo especial.** Puede ser desde un día de descanso, una salida agradable o una actividad placentera. **Lo importante es que la recompensa refuerce el hábito positivo y no sea vista como algo "merecido solo si se ha hecho todo a la perfección".**

También es fundamental **compartir los logros con otras personas. A veces, cuando se ha pasado por ansiedad o depresión, se tiene la tendencia a minimizar los progresos o a no querer hablar de ellos.** Sin embargo, compartir con alguien de confianza los avances alcanzados puede ser una forma de reforzar la motivación y recibir apoyo positivo. **Celebrar el progreso en compañía ayuda a consolidar el bienestar emocional y a recordar que el esfuerzo realizado tiene valor.**

Por último, es importante **evitar la mentalidad de "todo o nada". El hecho de que un día sea difícil o de que haya un pequeño retroceso no borra todo el progreso realizado.** La clave es seguir avanzando con paciencia y reconocer que cada paso, por pequeño que parezca, suma en la construcción de una vida más equilibrada.

Celebrar el progreso es una forma de recordarse a uno mismo que se está avanzando, que se ha recorrido un camino lleno de aprendizajes y que cada día representa una nueva oportunidad para seguir creciendo. **Reconocer el esfuerzo propio no solo refuerza la autoestima, sino que también ayuda a mantener la motivación para continuar con hábitos saludables y enfrentar los desafíos con una mentalidad más resiliente.**

14

VIVIR SIN MIEDO

RECAPITULACIÓN DE LO APRENDIDO

A lo largo de este recorrido, hemos explorado estrategias para comprender y superar la ansiedad y la depresión, desde la ciencia detrás de estos trastornos hasta herramientas prácticas para recuperar el bienestar emocional. **Cada capítulo ha ofrecido conocimientos y técnicas para afrontar los desafíos internos y construir una vida más equilibrada. Ahora, es momento de detenerse y mirar todo el progreso logrado.**

Uno de los primeros conceptos clave que hemos abordado es la **naturaleza de la ansiedad y la depresión. Entender que estos estados emocionales no son signos de debilidad, sino respuestas del**

cerebro ante el estrés o desequilibrios químicos, es fundamental para eliminar la culpa y el estigma. Aceptar que la ansiedad y la depresión son condiciones que pueden gestionarse permite cambiar la mentalidad de lucha contra uno mismo hacia un enfoque de autocompasión y crecimiento.

También hemos visto cómo **el cerebro puede reconfigurarse** gracias a la neuroplasticidad. **Los pensamientos y hábitos repetidos crean conexiones neuronales más fuertes, lo que significa que cambiar patrones negativos es posible con el tiempo y la práctica.** Esta es una de las razones por las que herramientas como la terapia cognitivo-conductual, la meditación y la reestructuración del pensamiento han demostrado ser tan efectivas.

Hemos explorado el impacto del **cuerpo en la mente**, aprendiendo que la alimentación, el sueño y el ejercicio físico no solo afectan el bienestar físico, sino que también desempeñan un papel clave en la regulación emocional. **Nutrir el cuerpo con los alimentos adecuados, priorizar el descanso y mantener una actividad física regular son pilares fundamentales para estabilizar el estado de ánimo.**

Otra lección esencial ha sido la **importancia de la respiración y la atención plena. Técnicas como la respiración diafragmática, la meditación y el mindfulness ayudan a reducir la activación del**

sistema nervioso simpático y a recuperar la calma en momentos de ansiedad. Estas herramientas son accesibles y pueden aplicarse en cualquier momento del día, convirtiéndose en aliados clave para mantener el equilibrio.

También hemos hablado del impacto del **ambiente y las relaciones interpersonales** en la salud mental. **Desde el estrés laboral hasta las dinámicas familiares y de pareja, el entorno en el que nos desenvolvemos influye en la manera en que experimentamos la ansiedad.** Aprender a establecer límites, mejorar la comunicación y rodearse de personas que aporten bienestar en lugar de toxicidad es fundamental para sostener el progreso alcanzado.

El libro también ha resaltado la importancia de los **hábitos y la constancia. Pequeñas acciones diarias tienen un efecto acumulativo, construyendo una base sólida para una vida sin miedo.** Mantener rutinas saludables, establecer rituales matutinos y nocturnos y desarrollar estrategias para sostener el bienestar a largo plazo son elementos clave para evitar recaídas.

Finalmente, hemos aprendido que **la recuperación no es un camino lineal**, sino un proceso de altibajos. **No se trata de eliminar por completo la ansiedad o la tristeza, sino de aprender a gestionarlas de manera que no dominen la vida.** Cada persona tiene su propio ritmo, y lo importante es seguir avanzando con paciencia y determinación.

Cada capítulo de este libro ha sido una pieza de un rompecabezas más grande: **la construcción de una vida más libre, con menos miedo y más control sobre el propio bienestar.** Con estas herramientas en mano, cada lector tiene ahora el poder de seguir adelante, aplicando lo aprendido y creando su propio camino hacia la estabilidad emocional.

CÓMO SEGUIR ADELANTE

El proceso de superar la ansiedad y la depresión no termina cuando los síntomas disminuyen. **La verdadera transformación ocurre cuando se aprende a seguir adelante con seguridad, confianza y herramientas que permitan afrontar cualquier desafío sin miedo.** Después de haber trabajado en el autoconocimiento, la regulación emocional y el desarrollo de hábitos saludables, el siguiente paso es consolidar estos cambios y aplicarlos en el día a día para construir una vida plena y estable.

Uno de los aspectos más importantes para seguir adelante es **tener claridad sobre el propio camino. Salir de un estado de ansiedad o depresión no significa simplemente "sentirse mejor", sino encontrar un propósito y un sentido que motive a seguir avanzando.** Para lograrlo, es útil reflexionar sobre qué aspectos de la vida han cambiado, qué hábitos han sido efectivos y qué nuevas metas se quieren alcanzar. **Definir un propósito, por pequeño que sea, ayuda a mantener el enfoque y a evitar caer en la inercia o la rutina vacía.**

Otro punto clave es **mantenerse abierto al aprendizaje y al crecimiento personal. El bienestar no es un destino final, sino un proceso continuo que requiere adaptación y flexibilidad.** Enfrentar nuevos desafíos, probar diferentes enfoques y seguir aprendiendo sobre la propia mente y emociones es fundamental para evolucionar. **Las herramientas que funcionaron en un momento pueden necesitar ajustes en el futuro, y estar abierto a estos cambios es esencial para sostener el equilibrio emocional.**

También es crucial **seguir aplicando las estrategias que han sido efectivas. Muchas personas, al sentirse mejor, dejan de practicar la meditación, el ejercicio o la respiración consciente, y con el tiempo pueden notar que la ansiedad o la tristeza comienzan a reaparecer.** Mantener estos hábitos no debe verse como una obligación, sino como un acto de autocuidado que refuerza la estabilidad. **Convertir estas prácticas en parte de la identidad y no solo en herramientas de emergencia permite que el bienestar se mantenga sin esfuerzo.**

Otro aspecto esencial para seguir adelante es **aprender a gestionar los altibajos sin caer en la desesperación. No importa cuánto progreso se haya logrado, siempre habrá días difíciles.** En lugar de verlos como una señal de recaída, es importante aceptarlos como parte natural del proceso. **La clave no está en evitar las emociones negativas, sino en desarrollar una relación más sana con ellas.** Un mal día no significa que todo está perdido; simplemente es una oportunidad para practicar la resiliencia y recordar que se tienen las herramientas necesarias para manejar cualquier situación.

El entorno también juega un papel clave en el proceso de seguir adelante. **Rodearse de personas que aporten tranquilidad, apoyo y energía positiva ayuda a mantener una mentalidad fuerte y equilibrada. El entorno influye más de lo que creemos**, por lo que elegir conscientemente amistades, relaciones y actividades que refuercen el bienestar es una decisión estratégica para la estabilidad emocional.

Por último, es fundamental **mantener la actitud de celebración del propio progreso. Cada paso dado, cada miedo enfrentado y cada hábito mantenido es un logro que merece ser reconocido.** Seguir adelante no significa exigirse perfección, sino valorar cada esfuerzo y permitir que el crecimiento personal se convierta en una fuente de motivación en lugar de una carga.

Vivir sin miedo no es la ausencia de dificultades, sino la capacidad de enfrentarlas con confianza y herramientas que permitan superarlas sin quedar atrapado en ellas. **Cada día es una nueva oportunidad para elegir el bienestar, reforzar la resiliencia y seguir construyendo la vida que realmente se desea.**

UN MENSAJE DE ESPERANZA

La ansiedad y la depresión pueden hacer que todo parezca oscuro, que el futuro se perciba como incierto y que la vida pierda su brillo. **Cuando se está atrapado en un estado de miedo constante o de desesperanza, es difícil imaginar que las cosas puedan mejorar.** Sin embargo, cada persona que ha logrado superar estos desafíos es prueba de que el cambio es posible. **Este no es solo un libro con información y estrategias, sino también un recordatorio de que, aunque el camino sea difícil, hay esperanza.**

Vivir sin miedo no significa que nunca más habrá ansiedad o tristeza. **No se trata de eliminar por completo estas emociones, sino de aprender a convivir con ellas sin que controlen la vida.** A lo largo de este proceso, has aprendido que la ansiedad es una respuesta del cuerpo, no un enemigo; que la depresión puede ser gestionada con herramientas adecuadas; y que cada pequeño paso cuenta en el camino hacia la estabilidad emocional. **Si has llegado hasta aquí,**

significa que has tomado la decisión de cambiar y que ya has dado pasos importantes para recuperar tu bienestar.

Cada persona tiene su propio ritmo y su propia historia. **No importa cuánto tiempo hayas vivido con ansiedad o depresión, lo que realmente importa es lo que hagas a partir de ahora.** No te castigues por el tiempo perdido ni por los momentos en los que creíste que no podrías seguir adelante. **Cada experiencia, incluso las más difíciles, te ha traído hasta este punto, y desde aquí, el camino puede ser diferente.**

Es posible que haya días en los que sientas que retrocedes, y eso es normal. **El progreso no es lineal, pero cada vez que aplicas una herramienta, cada vez que decides cuidarte, cada vez que eliges no rendirte, estás construyendo una versión más fuerte de ti mismo.** Recuerda que incluso los días difíciles son parte del proceso y que no definen tu capacidad para sanar.

No estás solo. **Aunque la ansiedad y la depresión pueden hacer que te sientas aislado, hay personas que entienden por lo que estás pasando y que pueden acompañarte en este camino.** Buscar apoyo, compartir tus emociones y permitirte recibir ayuda son actos de valentía, no de debilidad. **Rodéate de quienes te apoyan, de quienes te escuchan sin juzgar y de quienes creen en ti incluso cuando tú mismo dudas.**

La vida no tiene que estar dominada por el miedo. **El futuro aún está por escribirse y tienes el poder de decidir cómo quieres vivirlo.** No importa cuántas veces hayas caído, lo que realmente cuenta es que sigas avanzando. **Vivir sin miedo no significa no sentirlo nunca más, sino aprender a seguir adelante a pesar de él.**

Tienes dentro de ti la fuerza necesaria para construir una vida con más calma, equilibrio y satisfacción. **Confía en el proceso, confía en ti y recuerda que cada día es una nueva oportunidad para seguir adelante.**

AGRADECIMIENTOS

Si has llegado hasta aquí, quiero decirte algo importante: **gracias.** Gracias por haber confiado en estas páginas, por haber dedicado tu tiempo a leer, reflexionar y, sobre todo, por haber tomado la decisión de dar un paso hacia tu bienestar. **No es un camino fácil, pero cada acción cuenta, y el hecho de estar aquí ya es una prueba de tu compromiso contigo mismo.**

Escribir este libro ha sido un proceso de profunda reflexión, aprendizaje y conexión con todas aquellas personas que han sentido el peso de la ansiedad y la depresión en sus vidas. **Mi deseo es que estas palabras hayan sido una guía, un apoyo o, al menos, un recordatorio de que no estás solo en este proceso.** A veces, lo único que necesitamos para empezar a sanar es saber que alguien más ha pasado por lo mismo y ha encontrado la manera de salir adelante.

Pero este camino no termina aquí. **El conocimiento solo cobra verdadero sentido cuando se aplica y, aún más, cuando se comparte.** Por eso, quiero pedirte algo especial: **si este libro ha significado algo para ti, si te ha ayudado de alguna manera, deja una reseña y compártelo con otros.**

¿Por qué es tan importante? Porque **cada opinión, cada testimonio, cada palabra de aliento puede ser la luz que otra persona necesita para animarse a dar el primer paso.** Hay muchas personas que, como tú, buscan respuestas y herramientas para sentirse mejor, pero muchas veces no saben por dónde empezar. **Una reseña puede marcar la diferencia y hacer que este mensaje llegue a quienes más lo necesitan.**

Además, con tu apoyo, este proyecto puede seguir creciendo. **Cada lectura, cada recomendación y cada comentario ayudan a que más personas descubran este libro y a que más recursos puedan seguir desarrollándose para acompañar a quienes están en este camino.**

Así que, si sientes que este contenido ha aportado valor a tu vida, te agradecería enormemente que compartieras tu experiencia. **No hace falta que sea una reseña larga o elaborada; simplemente expresa lo que has sentido al leerlo y cómo te ha ayudado.**

Por último, quiero recordarte algo: **tienes dentro de ti todo lo que necesitas para seguir adelante.** Este libro es solo una herramienta, pero el verdadero cambio está en ti, en cada decisión diaria, en cada pequeño acto de amor propio. **Sigue avanzando, sigue confiando en ti y nunca dejes de buscar aquello que te haga sentir en paz.**

www.ingramcontent.com/pod-product-compliance
Lightning Source LLC
LaVergne TN
LVHW040619061026
849523LV00001B/236
* 9 7 8 1 8 0 5 5 6 1 7 2 9 *